CHALLENGING
WORD SEARCH PUZZLES
FOR KIDS

CHALLENGING WORD SEARCH PUZZLES FOR KIDS

90 FUN, MIND-BENDING PUZZLES

KIMBERLY ANN KIEDROWSKI

ROCKRIDGE
PRESS

Interior and Cover Designer: Michael Cook
Art Producer: Megan Baggott
Editor: Jeanann Pannasch
Production Editor: Jenna Dutton
Production Manager: David Zapanta

Illustrations © 2022 Collaborate Agency

Paperback ISBN: 978-1-63807-405-2
R0

CONTENTS

INTRODUCTION

In today's technology-obsessed world, it's become rare to see someone without a smartphone in hand. Games and classic activities such as word-search puzzles offer a refreshing way to both unplug and improve brain function through building vocabulary, spelling, and word and pattern recognition.

With this in mind, the purpose of *Challenging Word Search Puzzles for Kids* is to create a fun and engaging way to encourage learning away from the screen. Completing puzzles increases a child's confidence, and this book helps reinforce their learning with a gradual increase in difficulty from hard to harder to hardest, which boosts the reward. Positive language and messages about everything from time with friends to the school experience to favorite activities have been woven throughout this book with an eye to the very issues children ages 9 to 12 face on a daily basis.

As your child makes their way through the puzzles, opportunities arise to both assist and join in on the fun. Puzzles contain between 15 and 25 words, depending on difficulty, with correct answers running forward, vertical, diagonal, and, as the puzzles get harder, backward. Themes are fun and meaningful, with the idea of adding value into both your child's and your life.

Happy searching!

INSTRUCTIONS

Search each puzzle for the list of words or clues we provide. You need to find only the words that are CAPITALIZED in the word list. Words can appear forward, vertical, and diagonal directions to start. As you go through the book, the puzzles get harder, and larger, and words will be backward and in all directions.

Some puzzles may be trickier than others—try using a pencil with an eraser instead of a pen!

Check out the sample puzzle below, and HAVE FUN!

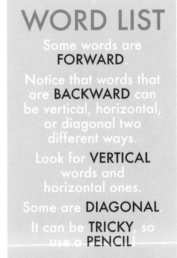

WORD LIST

Some words are **FORWARD**.

Notice that words that are **BACKWARD** can be vertical, horizontal, or diagonal two different ways.

Look for **VERTICAL** words and horizontal ones.

Some are **DIAGONAL**

It can be **TRICKY**, so use a **PENCIL**

TIP!

When making your way through these puzzles, some topics might appeal to you more than others. Instead of skipping, try sharing with a friend or parent to see if they would like to join in on the fun!

HARD
PUZZLES

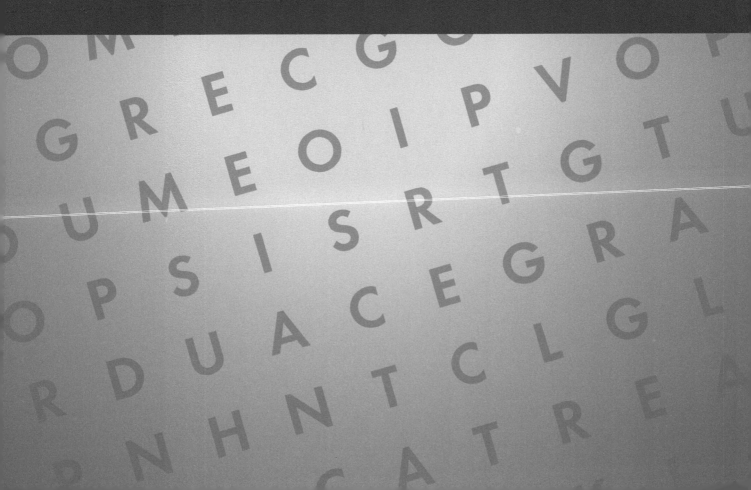

WORD LIST

SURPRISED

JOY

HAPPY

DISAPPOINTED

SCARED

EXCITED

FRUSTRATED

CONFUSED

PROUD

SAD

NERVOUS

EMBARRASSED

SHY

ANGRY

IMPATIENT

EMOTIONS

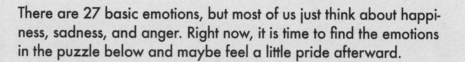

There are 27 basic emotions, but most of us just think about happiness, sadness, and anger. Right now, it is time to find the emotions in the puzzle below and maybe feel a little pride afterward.

```
J  M  Q  W  M  S  E  J  D  C  D  V  P  J  H
C  H  S  G  M  U  T  N  E  R  V  O  U  S  P
K  A  U  E  J  F  R  U  S  T  R  A  T  E  D
O  P  R  S  D  V  B  Y  D  F  K  E  G  M  B
Z  P  P  A  W  N  J  U  N  M  W  A  P  B  K
C  Y  R  D  Y  F  O  X  N  N  D  N  D  A  U
M  O  I  H  Q  R  Y  F  D  Z  I  G  O  R  C
Y  H  S  Q  P  V  B  I  D  H  M  R  E  R  J
J  C  E  Z  B  O  C  N  C  E  P  Y  E  A  F
Y  X  D  C  O  N  F  U  S  E  A  D  X  S  V
Q  R  C  O  N  F  U  S  E  D  T  F  F  S  B
X  V  G  D  I  S  A  P  P  O  I  N  T  E  D
K  S  C  N  I  Y  S  H  R  K  E  K  A  D  K
G  S  C  A  R  E  D  F  M  A  N  O  R  Y  E
K  E  X  C  I  T  E  D  U  M  T  D  W  D  C
```

ANSWERS ON PAGE 94

FOOTBALL TEAMS

Are you ready for some football? There are 32 teams in the National Football League. Can you find 15 of them in this puzzle?

WORD LIST

PACKERS
BEARS
COWBOYS
BENGALS
RAVENS
BROWNS
COLTS
DOLPHINS
LIONS
EAGLES
JAGUARS
SEAHAWKS
FALCONS
JETS
PANTHERS

```
I  K  M  R  U  H  B  D  O  L  P  H  I  N  S
T  N  Q  A  V  S  V  E  N  J  Z  N  S  Z  P
N  I  J  A  R  A  V  E  N  S  E  M  O  J  C
U  T  S  E  A  G  L  E  S  G  S  T  Z  A  I
M  Y  V  E  D  P  F  C  S  B  A  Z  S  G  Z
C  M  T  Y  A  H  Y  T  I  R  G  L  X  U  U
P  O  Q  O  A  H  L  X  N  O  H  I  S  A  J
P  J  W  T  J  O  A  F  E  W  Z  F  P  R  T
E  A  T  B  C  L  N  W  T  N  Y  Q  A  S  F
G  H  N  Z  O  G  X  G  K  S  Y  M  C  F  A
B  R  C  T  F  Y  A  O  U  S  Q  V  K  T  L
K  B  N  Z  H  G  S  V  W  E  K  N  E  Y  C
N  K  Z  R  U  E  L  I  O  N  S  F  R  Y  O
L  B  F  L  G  N  R  I  X  Q  C  N  S  B  N
P  L  N  N  D  W  R  S  Z  B  E  A  R  S  S
```

CREW CUT

FADE

MOHAWK

PIGTAILS

BOB

BUZZ

FLATTOP

MULLET

POMPADOUR

BEEHIVE

AFRO

DREADLOCKS

BALD

HAIRSTYLES

Don't brush this puzzle off! Comb through the letters and see if you can find these hair-raising words!

```
P Z M P O M P A D P O N Y A
R O C G I M H V F I B O P L
F D N E O G F B W R B L P D
F R M C D R E A D L O C K S
L E O R H B G L D Q B F M I
A A H E F E U D A K O R O P
T D A W L E C Z F A D E H O
O L W C A H A M Z R M N A M
P U K U T I E C R E W C W P
P E B T T V T O N J L H B A
O K E B O E Y M U L L E T D
E K K U P I G T A I L S E O
W F P Z L T F G G N E J M U
Z H V S G K J D C H T L M R
```

ANSWERS ON PAGE 94

HASHTAGS

When you have a message with a specific idea online, a hashtag helps other people find it. Some of the most popular hashtags are listed here. See if you can find them! #challengeyourself

ANSWERS ON PAGE 94

WORD LIST

#TBT
#LOL
#HAPPY
#SUMMER
#WEEKEND
#GOALS
#NOFILTER
#MOOD
#REPOST
#SELFIE
#LOVE
#PHOTOOF
THEDAY
#YOLO
#CATLIFE
#CUTE

```
S  #  J  K  #  #  V  H  #  C  S  O  #  G
E  C  R  R  S  #  #  J  P  E  U  U  W  #
#  L  U  E  U  Y  C  G  H  Z  M  S  E  N
H  T  F  E  M  O  Z  #  O  D  M  #  E  O
V  B  B  I  M  O  M  C  T  A  E  L  K  F
#  C  U  T  E  #  O  A  O  D  L  O  #  I
G  O  Y  #  R  G  C  T  O  #  #  S  R  L
#  H  A  P  P  Y  S  A  F  S  M  #  E  T
Z  Y  W  Z  P  #  U  I  T  E  #  O  P  E
Y  K  O  #  V  N  M  F  H  L  G  S  O  R
#  D  #  L  O  L  M  E  E  F  I  E  S  D
A  E  D  O  O  G  E  #  D  I  A  F  T  J
L  T  T  V  B  Q  R  K  A  E  L  L  E  F
#  W  E  E  K  E  N  D  Y  S  #  C  R  N
```

WORD LIST

See a new MOVIE

TEXT other friends

Go to the MALL

STUDY for a test

Go out to LUNCH

Play VIDEO GAMES

Play on a TEAM together

JOKE AROUND with each other

Go to a PARK

Have a CONVERSATION

LAUGH a lot

Get DROPPED OFF by your parents

Work on a PROJECT

Buy a SNACK

WALK to meet another friend

TIME WITH FRIENDS

When you're with your friends, you just might . . .

```
M  B  T  J  C  U  W  L  E  O  A  X  E  U
L  M  U  M  O  V  E  E  R  S  T  U  D  D
G  V  C  K  N  K  J  L  U  N  C  H  W  R
X  I  P  O  V  T  E  F  W  A  L  K  A  O
S  D  S  K  N  S  N  A  C  K  N  C  L  P
Q  E  M  O  R  V  P  A  R  K  D  W  L  P
Y  O  U  P  S  T  E  X  M  O  V  W  B  E
N  G  K  H  A  P  E  R  L  A  U  G  H  D
C  A  R  A  T  R  Y  X  S  S  L  N  S  O
D  M  O  V  I  E  S  N  M  A  T  L  D  F
N  E  U  T  O  V  T  T  E  X  T  U  H  F
V  I  D  E  O  G  A  M  E  S  M  I  D  U
E  D  P  R  O  J  E  C  T  E  A  M  O  Y
R  O  I  H  O  I  L  U  N  C  O  P  M  N
```

6

ANSWERS ON PAGE 95

ARTS AND CRAFTS

From scrapbooking to making a bracelet to creating a latch hook rug, the world of arts and crafts has something for everyone—even a word search! Get crafty with this list!

WORD LIST

FELT
SCRAPBOOKING
STENCILS
PIPE CLEANERS
SCISSORS
STICKERS
GLITTER
HOT GLUE GUN
POM-POM
FABRIC
CLAY
YARN
JEWELRY
BEADS
WATERCOLORS

```
C T M L W W P V G B J V Y E
S V B F A H A T F C E U A I
T T S A T O P T W S W A R W
I W C B E T E B E T E S D M
C C R R R G R E O E L B S S
K L A I C L M A N N R S C E
E A P C O U A D P C Y T I P
F A B R L E C H C I G I S G
F P O P O G H L R L L C S L
E O O O R U E E A S I K O I
L M K M S N A Y G Y T E R T
T P I P E C L E A N E R S T
R O N O S C I S S R R S G E
C A G M A T N R B Z N H W R
```

FAVORITE FOODS

WORD LIST

PEANUT BUTTER

PIZZA

CHOCOLATE

LASAGNA

STRAWBERRIES

chicken NUGGETS

CHEESEBURGER

CEREAL

MACARONI and cheese

PUDDING

WAFFLES

BACON

CUPCAKES

ICE CREAM

POTATO CHIPS

Do you stick to the same few foods no matter what's on the menu? Or are you more of an adventurous eater? Either way, here's a list of fan favorites for you to find!

```
U  C  L  E  E  W  J  M  F  J  J  W  O  T
T  H  E  A  C  M  A  C  A  R  O  N  I  T
Y  E  K  R  S  H  G  F  U  E  R  E  A  Y
M  E  P  T  E  A  O  J  F  P  H  V  C  N
X  S  U  I  F  A  G  C  Y  L  C  Y  U  U
L  E  D  J  Z  Y  L  C  O  A  E  A  P  G
A  B  D  V  W  Z  L  R  A  L  D  S  C  G
S  U  I  U  L  B  A  C  O  N  A  R  A  E
A  R  N  I  C  E  C  R  E  A  M  T  K  T
G  G  S  T  R  A  W  B  E  R  R  I  E  S
N  E  P  O  T  A  T  O  C  H  I  P  S  S
A  R  Y  H  P  U  D  D  I  N  G  Q  M  R
K  P  E  A  N  U  T  B  U  T  T  E  R  F
P  H  E  U  U  M  A  C  A  R  O  N  E  A
```

ANSWERS ON PAGE 95

SUSHI

Did somebody say sushi? Whether or not this fish-meets-rice-meets-seaweed treat is on your list of favorites, see if you can find the sushi-related terms listed below!

ANSWERS ON PAGE 95

WORD LIST

SPICY TUNA

CALIFORNIA

RICE

SEAWEED

CRABSTICK

shrimp TEMPURA

AVOCADO

MAKI

SALMON

YELLOWTAIL

RED SNAPPER

SOY SAUCE

WASABI

GINGER

CUCUMBER

```
A W A S A B E C S X M R E J
L V W O D H X S S E S W Y E
V A O Y R E D S N A P P E R
W L C C L T F O R N I L L G
A V O C A D O L C U C U L I
S O Y S A U C E S A L M O N
A A N S P I C Y T U N A W G
B T M C R A B S T I C K T E
I R E C A L I F O R N I A K
Z P R M C U C U M B M R I P
J R X I P T M X R I R P L E
V L C U C U M B E R P C U U
J G I N G E R S E A W E E D
O H B F U C R A B S T I C Q
```

9

THE UNIVERSE

PLANETS

SOLAR SYSTEM

STARS

SUN

BLACK HOLE

GALAXY

MILKY WAY

CONSTELLATION

COMET

ASTEROIDS

UNIVERSE

NEBULA

LIGHT SPEED

MOONS

GRAVITY

EXPLORATION

The words listed here help us understand the universe and everything it encompasses. How many of these totally out-of-this-world words can you find?

```
E  H  L  J  B  L  A  C  K  H  O  L  E  C
L  X  M  I  L  K  Y  W  A  Y  C  A  X  O
I  N  P  O  G  I  U  S  J  B  O  A  P  N
G  O  E  L  O  H  F  S  T  A  R  S  L  S
H  R  P  B  O  N  T  A  M  B  E  T  O  T
T  U  V  L  U  R  N  S  T  A  R  E  R  E
S  S  L  I  A  L  A  S  P  S  C  R  A  L
P  T  F  K  T  N  A  T  I  E  M  O  T  L
E  A  O  C  O  M  E  T  I  S  E  I  I  A
E  G  A  L  A  X  Y  T  U  O  Y  D  O  T
C  O  M  E  M  O  O  N  S  F  N  S  I  I
S  O  L  A  R  S  Y  S  T  E  M  L  U  O
T  H  R  R  U  N  I  V  E  R  S  E  M  N
P  G  R  A  V  I  T  Y  F  Z  G  U  J  P
```

ANSWERS ON PAGE 96

WAYS TO GIVE BACK

Whether you give back on the regular or are just starting to think about ways to be charitable, the puzzle below includes ideas worth your consideration!

```
G B R E C Y C L I N G D R I V E G
N E H C T I K P U O S E E S E D R
G A X Q K K B N P Q S V S W M U E
N R G O K C F W L I U O T E O F E
C K E Q M A O N A K B E A C H O T
K C I E S E O R N J F N U E T O I
A A Y N T K D I T V I N W X S D N
P P E L D N R N T M W I V T E D G
K K N Q U N I R A A I P K R R R C
C C Q F A V O L N T F L R A O I A
A A A B L N S T U O M A D C O V R
B B F P K H E H E H N N J H G E D
H L N I E D S E E R T T N A L P C
Y G K L T O L S V R Z T Y N I X U
M Q T O T I B Y F O Z R Q G V Z Y
U E Y W M E A L D E L I V E R Y Y
R S O U P E G A K C A P E R A C W
```

ANSWERS ON PAGE 96

WORD LIST

BACKPACK collection

leave a KIND NOTE

send a CARE PACKAGE

GREETING CARD drive

BEACH cleanup

RECYCLING DRIVE

ANIMAL SHELTER

donate UNWANTED TOYS

MEAL DELIVERY service

SOUP KITCHEN

birthday FUNDRAISER

PLANT TREES

donate EXTRA CHANGE

visit a REST HOME

FOOD DRIVE

HIKING

KAYAKING

GROW A
GARDEN

PARKOUR

PHOTOGRAPHY

POTTERY

VIDEO GAMES

SCRAPBOOKING

WRITING

BAKING

BLOG

SKATEBOARDING

ROCK
COLLECTING

RIDING A BIKE

MAGIC TRICKS

YOGA

HOBBIES

What's your favorite thing to do in your free time?
Is it something on this list?

```
I  D  B  B  P  O  T  T  E  R  G  Y  B  K  Z  T  L
T  F  S  L  H  E  K  I  B  A  G  N  I  D  I  R  W
G  V  M  P  O  T  T  E  R  Y  H  N  N  I  K  A  B
N  S  M  K  T  G  N  I  K  O  O  B  P  A  R  C  S
I  E  Z  A  O  E  G  A  X  R  A  G  G  B  F  N  J
T  M  D  R  G  N  I  T  I  R  W  N  X  S  L  M  S
C  A  C  R  R  I  P  C  U  U  I  I  R  L  N  S  W
E  G  K  W  A  T  C  N  I  D  P  K  O  N  B  K  N
L  O  K  R  P  G  V  T  R  H  R  A  C  A  K  C  X
L  E  H  F  H  N  A  A  R  E  T  B  R  L  E  I  A
O  D  W  I  Y  C  O  W  O  I  B  I  C  R  O  R  R
C  I  V  X  K  B  E  D  O  T  C  K  O  U  O  T  T
K  V  T  M  E  I  M  O  O  R  V  K  L  O  F  U  F
C  I  I  T  V  X  N  A  H  P  G  T  S  K  H  I  R
O  M  A  L  S  U  S  G  F  H  M  Q  E  R  N  G  S
R  K  E  R  E  T  T  O  P  R  U  A  C  A  B  A  T
S  Y  R  O  C  K  A  Y  A  K  I  N  G  P  Q  M  Z
```

ANSWERS ON PAGE 96

GAME SHOWS

Whether singing and dancing are your thing, or trivia questions make you feel smarter than a fifth grader, see if you can find these words!

```
D O U B L E D A R E Y J G H S K Y
A B S U R V I V E R W C R G K N T
Q M Y V V V F E E I O B L O D I R
K V A V B Y H U N A R G A T B L A
E A Y Z O M A A U N L R M T S T P
E R J A I I J S T O D E A A U S O
P P E I U N C E R I O D Z L R E E
I B O G I A G E O L F A I E V K J
T C P N N F H R F L D R N N I A M
S N A Q F I I L F I A G G T V E A
P G R H P Y S R O M N H R V O W Z
O X D L F S Y D L E C T A X R O I
T R Y R A K Y N E Z E F C M Q Q N
L B R Q Y T P L E K F I E U F G G
E R M Z I Y T F H G S F K O F M R
S L R F E R N O W D P A Q T K L A
S C A S H C A B G V L T M V D Y C
```

ANSWERS ON PAGE 96

WORD LIST

WHEEL OF FORTUNE

JEOPARDY!

are you smarter than a FIFTH GRADER?

DOUBLE DARE

CASH CAB

american NINJA warrior

the MASKED SINGER

america's GOT TALENT

the VOICE

american IDOL

WORLD OF DANCE

who wants to be a MILLIONAIRE

SURVIVOR

the AMAZING RACE

the WEAKEST LINK

KEEP IT SPOTLESS

13

MOVIE STARS

Roll out the red carpet for this blockbuster, star-studded puzzle!

```
S A N N A K E N D R I C K P G N I
I C F S G O I M B C F B T A R L S
D W A Y N X M B A H E I D U J C P
A D W R F F Y O B A J O I L O H R
U D K K L Y Y J M D T Z E R Y R A
L A W E J E O I Q W L L G U D I T
R I A D N N T L X I D U O D O S T
Y S F N H Y R T N C A P L D R P R
B Y I E V Y A L F K I I U O X R D
R R N K N N V W O S S T P C F A O
A I A A P Z E N D A Y A E H B T C
D D F N T F E K E V I N H A R T Y
L L A N U L O G E I D Y U M A O O
E E P A C Q X C Q R A O E V D P V
Y Y S Z Z A K U N E B N J I L E C
X L U P I T A Y O N G G W N E F Y
J K J J D R X Z C S Y O J Z E V Q
```

14

ANSWERS ON PAGE 97

FAMILY GAMES

You may have spent quality time playing some of these games with your family. Now spend some quality time finding them all here!

ANSWERS ON PAGE 97

WORD LIST

TRIVIAL PURSUIT

MONOPOLY

BATTLESHIP

SORRY!

SETTLERS OF CATAN

UNO

JENGA

CONNECT FOUR

YAHTZEE

EXPLODING kittens

CHECKERS

OPERATION

CLUE

CANDY LAND

SCRABBLE

TWISTER

```
T  J  E  N  G  A  R  G  P  G  S  G  Q  E  Y  U  L
S  W  U  Y  Z  B  A  T  T  L  U  S  H  Y  P  G  Z
E  Y  I  T  P  S  O  R  R  Y  Q  N  M  P  K  U  D
T  W  V  S  R  L  C  B  L  Y  A  O  O  L  C  Y  B
T  U  X  X  T  I  O  R  N  L  N  P  J  O  A  L  H
L  W  J  D  W  E  V  D  A  O  E  Z  Y  H  N  O  P
E  Q  A  C  I  V  R  I  P  R  R  Z  T  V  D  P  B
R  X  P  G  S  R  E  O  A  J  L  Z  A  S  Y  O  I
S  D  O  P  T  S  E  T  T  L  E  R  S  R  L  N  V
O  Q  V  D  E  V  I  H  S  E  P  C  K  F  A  O  Z
F  G  N  I  D  O  L  P  X  E  V  U  T  J  E  M  D
C  T  C  O  N  N  E  C  T  F  O  U  R  B  M  P  I
A  T  W  C  F  Z  S  B  A  T  T  L  E  S  H  I  P
T  Q  A  I  A  F  E  L  B  B  A  R  C  S  U  B  T
A  C  H  J  S  C  H  E  C  K  E  R  S  U  L  I  N
N  E  C  K  E  T  S  H  Z  W  O  K  A  M  I  W  T
C  M  U  C  J  D  N  A  L  Y  D  N  A  C  L  U  E
```

15

UNUSUAL COLORS

WORD LIST

SARCOLINE

COQUELICOT

MALACHITE

AUSTRALIEN

GINGERLINE

LABRADOR

SINOPER

AMARANTH

THISTLE

CHARTREUSE

SMARAGDINE

MIKADO

LAPIS

GLAUCOUS

VIRIDIAN

Try looking up any of the colors you don't recognize. You may be surprised!

```
N R T I E O H O J F E O P T N A R
E U S L H T N A R A M A E I A M I
I B L T A V I C H A R T R E U S E
L R V H D S V H F Q P L R T S C A
A F I I B S M Z C E P Y Y K T O Y
R W R S W G A A R A L H W W R Q J
T B I T I O I R R M L F T X A U C
S B D L K N Y N C A I A N A L E V
U Q I E E W O L G O G K M J I L L
A S A T I S Q P R E L D A R A I E
S D N N S U U T E I R I I D M C T
J O K I P Y Z W V R Y L N N O O S
F L P U X Z D J J V E E I E E T I
E A G L A U C O U S I P Z N P U H
L L F H P C L A B R A D O R E W T
B G V L B M Q W Q I X D N N L B D
J Z Y G L Q I P B M Q Z G V I F K
```

ANSWERS ON PAGE 97

FAST FOOD

How many of these fast food–related items can you find?
(And is this list making you hungry?)

```
P L J P F F R E N C H F R I E S C
C O C A C O L D P O P C O R N S H
H G U O R H T E V I R D U C S I A
R S U P E R S I Z E Z T F O K F L
E W F O G N A K Z W K P L C C E O
W H O P P E R J G I K P O A I E O
E O J C H D Z Y K C W M M C T S P
K P B O R A Z Z I G B C R O S T A
K P B I P N K B L O F V N L D U B
R E F N G N G U M L V I Y A A N L
B B E G F M U E U W O A G T E O I
W K A Y K M A R H N P N H I R D Z
O V M C Z L R C R U E I F Z B Q Z
E B Y Y O Y R I L D Z I G Z E O A
F K Q C R N N A B A C O N A T O R
T D O N U G H H P F B K Y R P N D
T A C O S C D M B O C F O S B M E
```

AROUND THE HOUSE

WORD LIST

BEDROOM

YOUR BED

YOUR DESK

LIVING ROOM

COUCH

KITCHEN

TOASTER

FINISHED BASEMENT

COMPUTER

PANTRY

BACKYARD

WASHING MACHINE

BOOKSHELVES

JUNK DRAWER

DRIVEWAY

BATHROOM

Which of these items or rooms have you used today? What's your favorite place in your house to hang out? See if you can find them all in the puzzle!

```
Y U G X A M O O R H T A B L Y W U
Y N G Y Y V L E B A T H R O O N A
O T Z Q G I T J U N K D R A W E R
U W H K M U F Y E N J F R M M Z K
R O C K P Y W A S H I N G P A N H
B L U M J G L F U D T O A S T E R
E G O H Y K I T C K E N A Y E H F
D C C M B G C L S Y T Q O N A C I
F I N I S H E D B A S E M E N T S
P Z D B F W Y M O O R G N I V I L
Z A W R K C E D R U O Y A F V K K
L D N B I B E D R O O M S V N J Q
V Z P T K V S E V L E H S K O O B
M E C G R X E K N U G M Q T Z R V
W B U B V Y C W G D R A Y K C A B
W A S H I N G M A C H I N E T X M
V H K C U O C H W Y O U R D E S K
```

ANSWERS ON PAGE 98

GEOLOGY

From caves to diamonds and everything in between, geologists are always seeking new information about the earth. How many of these words can you dig up?

WORD LIST

GEOLOGY
EARTH SCIENCE
FOSSILS
GEMSTONES
METALS
METEORITES
SEDIMENTARY
IGNEOUS
METAMORPHIC
MINERALS
LAVA
LIMESTONES
QUARTZ
GRANITE
DIAMOND
CRYSTALS

```
U E O A S I S P B W N R O S X S P
P C B U M I N E R A L S X P Q C F
G E M S T O N E S A R T H U L I E
W P E E S E N O V S M E A D I E Y
M L A M T U I A J Y H R M T M N H
C P R Y R A T N E M I D E S E C B
D I T P G Z L P F O S S I L S E M
I W H W Q O L S E T I R O E T E M
A V S P R V L S E D I M E N O A R
M H C L R S U O E N G I B A N Q C
O T I I A O G G E P I I L V U T R
N Q E J Q C M Y R G W S A A B W Y
D V N J B B B A E A E E R M V T S
I S C H G F I E T P N T E P O U T
K U E D Q D Q Q L E Z I V L Z N A
L I M E S T O N E S M J T H Y H L
X H E A R T H S C I E N S E F L S
```

IT'S SCIENCE!

Enter the word search lab and see how many of these scientific terms you can find!

WORD LIST

WORD LIST

- EXPERIMENT
- LABORATORY
- BIOLOGY
- CHEMISTRY
- TEST TUBES
- TEMPERATURE
- MEASUREMENT
- HYPOTHESIS
- FLASK
- PERIODIC TABLE
- ELEMENTS
- MOLECULE
- ATOM
- MATTER
- MAGNETIC FIELD
- CLASSIFICATION

```
L A B O R A T O R Y Y V E O X J B
L E L B A T C I D O I R E P W I N
M M U M F L A S K M O J Z T O G O
Y J V A A R T I M X W M H L B T I
S L A G T G N S D O Y G O Z A G T
X T G N H O E E H G I G P E H E A
O W K E S F M H F S Y J S X M H C
A K C T C M E T D T I E G P T A I
A X J I H H R O M R T Y E E E H F
N H T C E I U P E E D R H R S P I
Z P W F M K S Y Y T A I A I T F S
U J Y I I J A H P T T Y J M T F S
J L V E S Z E T U A V E N E U X A
C M K L T I M R U M N J Y N B W L
B Z X D R T E N O J M H O T E Z C
D G O D Y V T E L E M E N T S R M
L E M E N T S R R E L U C E L O M
```

ANSWERS ON PAGE 98

AROUND TOWN

All of the items here are in the puzzle, but which ones can also be found in your hometown?

WORD LIST

BUS STOP
BARBERSHOP
RESTAURANT
POST OFFICE
TRAIN STATION
MAIN STREET
LIBRARY
APARTMENTS
GIFT SHOPS
GROCERY STORE
CAFE
PARK
PLAYGROUND
CITY HALL
FIREHOUSE
POLICE DEPARTMENT

```
R V P O S T O F F I C Y Z P D K B
M M R L Y U D V Z T M R N J J K A
M L Z I A G J T G I F T S H O P S
A E I C F Y P O H S R E B R A B D
I R H B I T G O D H R U Q R U B V
N O S W R T Q R S Y S G T N W I G
S T T X E A Y L O T K M U E X N Z
T S L G H X R H O U E R E L Q R R
R Y I K O L M P A N N T A H H E N
E R B D U W A C T L F D S P S S O
E E R B S A O S D G L G F Z L T W
T C A F E T E L A H Y T I C H A T
B O R T R A I N S T A T I O N U K
F R Y E C I F F O T S O P N R R S
E G Y T N E M T R A P E D E C A L
C H O V B U S S T O R E U J E N X
P O L I C E D E P A R T M E N T U
```

UNDER THE SEA

ANSWERS ON PAGE 99

WORD LIST

- ARTHROPOD
- MOLLUSK
- CRUSTACEAN
- SHARKS
- BELUGA WHALE
- CUTTLEFISH
- VAMPIRE SQUID
- KELP FOREST
- MANGROVE forest
- MARINE OTTER
- sea ANEMONE
- BLUE MARLIN
- SEA TURTLE
- HAMMERHEAD shark
- MICRO-ORGANISMS
- HORSESHOE CRAB

The oceans make up almost three-quarters of the earth, and there's a whole lot going on in those waters! Dive in and see how many of these marine terms you can find.

```
Z G V X E L A H W A G U L E B M P
F B L U E M A R L I N L E B S A B
S H A R K S E V O R G N A M S R W
K H R R R Z Z T D V B I S I H I E
A S T J C A X Z N P Z I V V A N T
C Y H U D E H C V I N U O W R E S
R E R C I W O V U A Z T C F K O E
U D O R U E E H G T M S D T D T R
S A P U Q B L R S G T P K O R T O
T E O S S V O T J E M L I V V E F
A H D T E O R D R N S O E R P R P
C R V A R R Y W Q U C R L F E T L
I E C C I G B T B T T C O L I S E
A M I E P N E L K Q K A I H U S K
N M H A M A P V N R E I E N W S H
A A A N A M K D I Q J W T S B L K
G H R C V J D Y A N E M O N E M A
```

SEVEN WONDERS OF THE WORLD

The Seven Wonders of the Ancient World are remembered as amazing works of architecture that were ahead of their time. Find them below along with their locations.

WORD LIST

GREAT PYRAMID of GIZA

COLOSSUS of RHODES

HANGING GARDENS of BABYLON

LIGHTHOUSE of ALEXANDRIA

MAUSOLEUM at Halicarnassus

statue of ZEUS AT OLYMPIA

TEMPLE of ARTEMIS

GREECE

IRAQ

EGYPT

TURKEY

```
T U R K E N D F C C O L O S S U C
R Q W K A B A B Y L O N C M T E O
R A I R D N A X E L A S T O I L L
H G H T H O U S E H M A U S O L O
O D A H A N G I N G G A R D E N S
D F I O I R A Q U I J Y F C U N S
E F P M T C T W E C E E R G N N U
S G M K A H D E K C J K T C P G S
D O Y U K R R A M A X R R P Y O L
E K L P L Y Y M I I W U M P R N B
S B O K T E M P L E S T T H C S X
P Y T V L I G H T H O U S E F V O
U W A Q Q X I C H A Q B A D E E D
L K S Q M A U S O L E U M Z Q L D
T L U S B T Z K Z G G R V Y I F Z
J T E S T E M P L Y K P G E I G I
V D Z C S N Z M A I R D N A X E L
```

COLLEGE MAJORS

WORD LIST

BIOLOGY

JOURNALISM

NURSING

PSYCHOLOGY

ECONOMICS

FINANCE

MARKETING

EDUCATION

ART HISTORY

MUSIC

ACCOUNTING

CREATIVE writing

BROADCASTING

SOCIAL work

COMPUTER SCIENCE

COMMUNI-CATIONS

Can you find all of these college majors in the puzzle?

```
H J W M T B J A R T H I S T O R Y
I G N I T N U O C C A M J Y J G B
I W S S Y E V N J C S K H F O F R
O E C O N O M I U I I K O L U B O
X I L R M O R R L R P S O P R E A
H R T C W L I A S R S H U D N O D
Z O Y N M M N T N M C I C M A S C
E S T B O R A R A Y U Y N J L Z A
V L S I U I L O S C E O K G I Y S
I D Z O B X T P V O I C S U S L T
T I J L C B K A F J C N N O T R I
A I F O A I H E C V F I U A C E N
E H Q G Z H A W Z U C L A M N I G
R C K Y W K P W I B D C M L M I A
C O M P U T E R S C I E N C E O F
H M A R K E T I N G G M I K L O C
Y A L E S J S C I M O N O C E L W
```

ANSWERS ON PAGE 99

FUN FLAVORS!

Find all of these amazing flavors! Which one is your favorite?

ANSWERS ON PAGE 99

WORD LIST

CHOCOLATE
VANILLA
SALTED CARAMEL
HAZELNUT
COOKIE DOUGH
LEMON
COCONUT
PEANUT BUTTER
SRIRACHA
BUBBLE GUM
PEPPERMINT
LIME
GREEN TEA
RANCH
JALAPEÑO
CINNAMON

```
D U X P P Z R B A H C A R I R S H
C W W T P E A N U T B U T T E R A
K D W V B W P V W G S A O Z M S Z
L P I B Q P A P C H O C O L A T E
G C O C O N U T E L L Q H L B H L
M S U Z I L C D L R T T T A U J N
R I N L I L I M E H M E U S B H U
L R L M O O N W M H D I N A B G T
J A L A P E N O A A C R N L L U E
V C A R S Z A B R E A N L T E O Y
G H Z I F V M E A T R I A E G D S
K A H S A H O S C N A Y J R U E O
I I K N V Q N D D E M W X C M I H
I N I H H O H Z E E E R M A E K X
N L U O M J O V T R L E M O N O O
L W B X I C M X L G L U W H D O O
Q M L E M A R A C D E T L A S C B
```

25

INTRODUCTION TO CODING

WORD LIST

JAVASCRIPT

PYTHON

SEQUENCING

PATTERNS

ROBOTICS

WEB DESIGN

MODDING

SCRATCH

LANGUAGE

PROGRAMMING

INSTRUCTIONS

COMPUTER SCIENCE

COMMAND

DATA

ALGORITHM

Every video game, website, and app is built through coding. If you've ever tried coding, you may have run into some of these terms!

```
M  F  G  N  I  D  D  O  M  U  L  O  A  G  Y  S  K
K  X  S  C  G  N  I  C  N  E  U  Q  E  S  D  W  X
C  O  M  P  U  T  E  R  S  C  I  E  N  C  E  R  H
O  K  B  O  M  F  Q  G  O  D  J  B  X  A  G  B  R
M  U  S  C  I  T  O  B  O  R  F  R  J  L  A  J  T
M  Z  S  I  D  G  W  W  I  T  X  D  V  G  U  T  I
A  T  D  N  S  N  R  E  T  T  A  P  N  O  G  S  N
N  H  Y  A  O  S  N  Y  B  J  X  I  I  R  N  Q  J
J  G  R  A  T  I  C  Q  U  D  M  I  F  I  A  D  M
T  D  N  T  W  A  T  R  P  M  E  X  B  T  L  W  S
R  H  O  E  N  U  U  C  A  X  X  S  A  H  U  P  R
J  G  H  R  V  P  B  R  U  T  W  B  I  I  O  A  O
M  H  T  I  R  O  G  L  A  R  C  O  L  G  N  G  B
C  G  Y  V  E  O  R  L  D  G  T  H  Q  A  N  V  O
X  M  P  H  R  C  H  J  A  V  A  S  C  R  I  P  T
F  V  X  P  P  G  G  S  P  X  B  C  N  C  I  Z  I
W  A  A  D  N  A  M  M  O  C  X  T  N  I  E  U  C
```

ANSWERS ON PAGE 100

NUTRITIOUS!

Can you find all of the nutrition-friendly words in this list?

FARMERS' MARKET

VEGETABLES

FRUIT

WHOLE GRAINS

FOOD GROUPS

MYPLATE

BERRIES

ANTIOXIDANTS

MODERATION

VITAMIN

NOURISHMENT

PROTEIN

CARBOHYDRATES

LEAFY GREENS

HOMEMADE

READING LABELS

```
T  N  E  M  H  S  I  R  U  O  N  S  F  R  V  I  P
S  N  O  J  S  Q  S  E  I  R  R  E  B  V  M  R  E
F  O  W  U  P  T  D  G  K  Y  V  T  O  W  P  M  W
A  L  H  D  R  D  N  X  Y  I  Q  A  F  G  R  S  L
R  F  O  O  D  I  P  E  T  I  O  R  G  E  O  N  E
M  H  L  N  M  A  S  A  D  Q  M  D  W  T  T  P  A
E  A  E  O  R  E  M  H  V  I  E  Y  Z  A  E  E  F
R  V  G  I  V  I  M  U  M  O  X  H  P  B  E  D  Y
S  E  R  T  N  P  N  A  N  E  N  O  C  L  N  U  G
M  G  A  A  I  V  F  Z  D  Q  N  B  I  E  A  W  R
A  E  I  R  E  C  I  L  S  E  E  R  F  T  J  T  E
R  T  N  E  T  A  M  O  D  E  R  A  T  E  N  N  E
K  A  S  D  O  Z  S  U  A  J  T  C  A  U  U  A  N
E  B  G  O  R  E  A  D  I  N  G  L  A  B  E  L  S
T  L  R  M  P  D  Q  G  F  Y  J  G  E  U  A  P  I
K  E  A  S  P  U  O  R  G  D  O  O  F  R  U  I  T
I  S  I  D  J  Q  W  J  A  C  K  H  F  Y  G  Y  R
```

WORD LIST

SMART BOARD

TABLET

COMPUTER

DESK

MAPS

TEACHER

PENS

NOTEBOOK

TEXTBOOK

ONLINE CLASSROOM

BOOKCASE

SCISSORS

SUPPLIES

CLOCK

CALENDAR

BACKPACKS

Which of the items below can be found in your classroom?

```
S  I  Y  S  X  K  O  F  E  T  U  O  G  V  S  H  I
U  M  R  R  V  D  N  M  X  U  K  V  N  K  Z  L  H
H  R  A  D  N  E  L  A  C  U  T  I  L  Q  C  G  N
L  Z  C  R  L  Y  I  T  Y  D  L  X  U  V  A  S  C
B  T  M  R  T  C  N  S  T  E  A  C  H  E  R  P  L
P  O  D  V  M  B  E  P  O  A  C  Q  D  Z  M  R  O
A  K  O  A  C  I  C  I  G  J  B  R  I  V  U  C  C
Z  D  P  K  L  Y  L  I  M  K  A  L  E  K  L  L  K
F  S  E  P  C  R  A  E  Z  O  D  T  E  V  C  O  O
T  D  P  S  Z  A  S  L  B  O  J  E  A  T  O  C  O
U  U  W  A  K  U  S  T  O  B  S  X  E  P  M  T  B
S  P  D  L  R  H  R  E  K  E  V  T  B  G  P  K  T
U  T  J  E  S  A  O  U  Y  T  G  B  W  E  U  T  X
W  P  O  L  M  Y  O  W  X  O  J  O  Q  I  T  P  E
E  I  D  S  L  R  M  S  V  N  Z  O  F  V  E  E  T
A  G  L  Q  S  R  O  S  S  I  C  S  C  N  R  C  Z
B  A  C  K  P  A  C  K  S  H  K  K  S  S  S  U  U
```

ANSWERS ON PAGE 100

IN THE RAIN FOREST

Beautiful, lush, and diverse, rain forests house more than half of the plant and animal species in the world. Many we are still discovering—just like these words!

WORD LIST

TROPICAL

TEMPERATE

EQUATOR

EMERGENT

upper CANOPY

UNDERSTORY

forest FLOOR

DEFORESTATION

AMAZON

CONGO BASIN

PUERTO RICO

COSTA RICA

ECOSYSTEM

MONSOON forest

AUSTRALIA

NEW GUINEA

```
C N E S A B O G N O C L M A K I A
Y G X Q U J F V Q O A K D L Q E J
W Y U Q U N D E R S T O R Y N C N
E M P E R A T E A T Y E R I R O U
Q O P U E R T O R I C O U H I N Q
U L R A J H Y O C T R G Z T H G Y
A X R M H P O U R B W Z A X Y O N
Z M Y A T L F P X E K T B Y L B O
O M F Z F E J P N B S X Z A C A I
W T O O C R C C P E A Z A D I S H
R R I N Q N A O R A C I R A T I O
U O M K S N W O S E M E R G E N T
O P Q D O O F L G Y H L V J M T O
L I G P Q E O E I D S X J S S N O
F C Y V D B O N A U S T R A L I A
B A S X T E M P E R A T E Z T E N
L L A C I R A T S O C H O M P E U
```

CUPCAKES

WORD LIST

RECIPE

CUPCAKE

FROSTING

ICING

HOMEMADE

SPRINKLES

CHOCOLATE

VANILLA

WRAPPER

SWEET

DESSERT

PARTY

EGGS

BUTTERCREAM

MIXER

RED VELVET

How sweet it is! Can you find the words in the puzzle below faster than you can polish off an actual cupcake?

```
A G G F A L B H C A H B L O T K H
E D N M E M O H E E E W S P D G F
M H I I E Y O U F X K D J E K C R
I X C X K C J R Y S A U S T O S C
X O I E O A O Z C K C S K A F G D
E Z C L K S O R C A E H L K R G R
R B A U T P E X T R P L S E H E H
P T G I B C B L T J I B C O D J E
E P N R O C U R K N P I E V G X D
U G I G Q U Z H A N P R E U V J A
X E T C I P S V D E I L P M K Y M
Z U S X F C I Y L Z V R P I W W E
R E C T T A U L T E H E P Q G S M
Z K R S R K G I T R E C Z S U W O
A B U T T E R C R E A M K D D E H
J U C P A R T S W R A P P E R E E
Y P T M W D W S E I Q G M E T T Y
```

ANSWERS ON PAGE 101

WAYS TO CHILL

Sometimes school—and life in general—can feel stressful. Here are a few ways to take a break and recharge. Which ones have you tried? See if you can find them all in this puzzle.

```
A E Q S T K U J G F Q D N E I R F
W O M T S W U R S O Q R S H N U Q
Y P M A A J V Y T O O K W F L M A
A J E R G M Y O X J K D D I U U X
Q Z D H H A X V E W M M B M W B L
O I I R T S Y N C A X I C O I R I
E A T D A O T A O L X T Z C O B S
N Y A P E M E V L Z A H R H D K T
I W T Y R E G U O P U N I C G Y E
L U I P B O U N R G I P R N E F N
O G O J P N R F O E M L Z U V X T
P S N U E E B C O I E A A G O Y O
M Q C H E A T R K P D Y C M B J M
A V I J D D E D U E I A Y O G I U
R Y H N P I Q X N N T G B T P A S
T A K E A N A P H F A A U M V W I
Z M O T K Y R B O G T M S O W V C
```

WORD LIST

YOGA

MEDITATION

go for a RUN

read a
GOOD BOOK

jump on a
TRAMPOLINE

LISTEN
TO MUSIC

take a
DEEP BREATH

give someone
a HUG

PLAY A GAME

TAKE A NAP

walk with
a FRIEND

talk to
SOMEONE

play with
a PET

keep a
JOURNAL

DRAW
pictures

COLOR in a
pattern

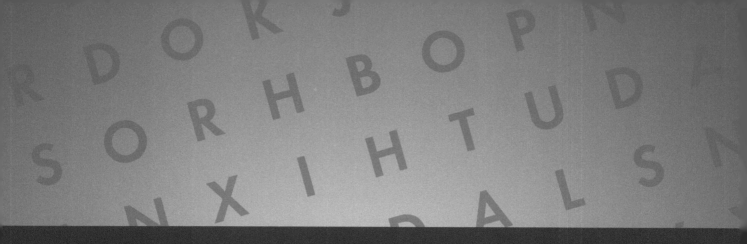

HARDER PUZZLES

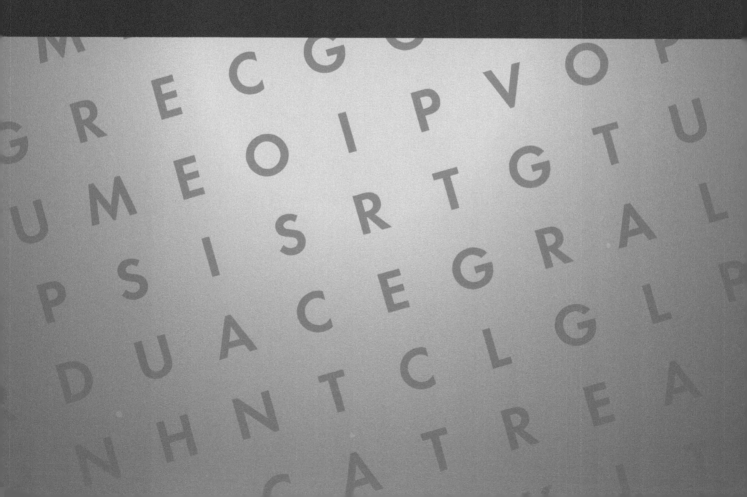

FATHER'S DAY

First celebrated in 1910 in Washington state, Father's Day did not become a national holiday until 1972. Find these terms associated with the occasion.

WORD LIST

FATHER'S DAY
FATHERHOOD
THIRD SUNDAY
DAD
SENTIMENTAL
BURGERS
GRILLING
PICNIC
BARBECUE
SON
GRANDFATHER
STEPDAD
TOGETHER
PARENTS' DAY
NECKTIE

```
G O Y T S U R A T G R I L L I N G H L D
M U C H B T Q D O O H R E H T A F E K L
W B D I H J E I T K C E N O S H U F J A
U N A R N Z Y P M V J J G H D C P H D T
A A D D P C A A D A S E V F E E U D D N
Z A B S Y V I Y X G T D O B N N N N S E
I W T U G V Y P A H D X R Q M I I B G M
M S N N Q G G A E B Q A Y L Y F B U Z I
U V E D M P U R U L B B G D A E A R I T
O P M A L I G R A N D F A T H E R G P N
B R I Y F E G E I N R D H M W H B E I E
B W T D T E G N T I D E N V C J E R D S
N X N Q R A V T A S R F Q P A J C T O E
W N E S G R Q S T S D L A V M Z H P Q S
N U S T E P D A D K K L C T X S K F O Q
V Z H H M A C A E I Y A D S T N E R A P
Z J T U I P Y W N C X C G O O S D O A M
N A I K P N E C K T I Q G K T K Z M M X
F J D K P I I D C A D S R E H T A F X G
J Z H Z J P X O W M E Z D Y R N E M T W
```

WORLD CUP

The World Cup is the ultimate competition in the world of soccer—as it's called in the United States—and football in the rest of the world.

```
B M O Y Y I W R V H R R A C C O S Y T V
L B K A I G X S N O I P M A H C D L R W
T N P H G W O P V P U M O W N E W F O V
C N K V Y F W L L A B N E D L O G O P B
T B L V H O B V D F M Y O G M C T P H F
O D T C P O F B M E P I N X A H B E V Q
U I N O O T F O J S N I Y F K A R N U K
R D M M R B W P N N K N I B N M F A B L
N K V P T A J W D N O F D E T P L C C Q
A R D E N L S M A E T L A N O I T A N U
M M W T M K R R D C P P P T F O O Z R A
E C N I H W D B E W U L A Y G Y I O D L
N T H T X L A O G C H A I J T C L M J I
T D P I R J P M D V C N O P J B L F Q F
S J H O X U H L M Q G O W A B N A M A Y
L K W P L M R D Q F B U S R A I B B A I
H M P B T O A F H P R A D I O O T M V N
N D E K W B X N O I T I T E P M O C R T
L F G O L D E N B O O T J Z L W O Q Z M
C B N P N S X F O R D R A W R O F N S C
```

ANSWERS ON PAGE 101

SPORTS EXPRESSIONS

Keep your eye on the ball as you approach the finish line of finding all of these sports expressions in the puzzle!

WORD LIST

THREE STRIKES, you're out

PAR FOR THE COURSE

OUT OF YOUR LEAGUE

BALL IS IN YOUR COURT

THAT WAS A SLAM DUNK

PASS THE BATON

LOW BLOW

EYE ON THE BALL

at the FINISH LINE

hit it OUT OF THE PARK

SAVED BY THE BELL

OFF AND RUNNING

BATTING A THOUSAND

CLEARED THAT HURDLE

DOWN TO THE WIRE

TOE THE LINE

```
I L C E S R U O C E H T R O F R A P P G
B Q O L L A B E H T N O E Y E I I Y F J
Z A K W E R E R A P T H T F O T U O I Q
S E L T B A T T I N G A T H O U S A N D
A L R L W O R Q O V M E N N U Q A E I O
V H O I I P U E D E F K I D T U V N S U
E V A W W S O T D U T I P H O Y E R H T
D B A O B E I F O T H H N D F T D C L O
B A W L Q L H N F F H O E I Y U B Y I F
Y T J B S Y O T Y A T A Y L S G Y F N Y
T T Q W A U H C O O N H T K I H T H G O
H I R O V C S M K T U D E H P G L L T U
E N I L E H T E O T N R R P U G E I M R
B G C F D H Z U Q S C W C U A R F N N L
E A R R B T C L Q G D E O O N R D W Q E
L T H A T W A S A S L A M D U N K L O A
L H E H T Y B D E V A S G Y K R I B E G
T O G J R F I N I S H L I N K L T N Q U
D U Y W N V T H R E E S T R I K E S G E
I S R L I E S E P A S S T H E B A T O N
```

MOTHER'S DAY

MOTHER'S DAY
SUNDAY
SPRING
FLOWERS
DINNER
BRUNCH
APPRECIATE
GREETING CARD
CELEBRATE
MOM
STEPMOM
DAUGHTER
GRANDMOTHER
ANNA JARVIS
JULIA WARD HOWE
JULIET CALHOUN BLAKELY

First celebrated in 1908, Mother's Day became a national holiday in 1914. Some of the women who helped establish the holiday are listed in the puzzle below!

```
J G D R L Z N X T O L L P O P F K N U P
X U B R U N C H X M H F C H Y J J U D E
M I L B A T X V W L D E K C U U E Y A D
O M H I B C K C K W L N D C L N T F O C
T F K D E D G F V E D Q Y I H Y A L K V
H L O L C T J N B O J E A E N A I O J A
E O R V K F C R I B S W D O P N C W F Y
R W M S J C A A G T A W N D V N E E I J
S E A S N T M X L R E G U A B A R R P Q
D R K S E V X D D H A E S U M J P S E A
A L E E G H K H A P O N R F T A P C S N
Y G L T D N O P S M K U D G D R A X S N
A C E J H W I I D R C J N M H V M H B A
D U N R E G M R S Y S V K B O I E G R J
N X N V M M U M P T U X T N L T Y X V A
U G I F O I H A E S G B P U F A H R K R
Z T D M M C B P D J J S F F L W K E Q V
C G R A N D M O T H E A K G Q C G E R I
K R Q D Q O T O T V M B X D L R F Q L S
X M B C M V U Q T X J M M L A R V J V Y
```

ANSWERS ON PAGE 102

LOGGED IN

There's no doubt that we all spend quite a bit of our time online. See if you can find these terms about the online experience— and always keep internet safety in mind.

```
X P D I V H K W B J H F D R Z I T N G O
U O R F M Z S T H N Q J T J N A T F E M
N T T I S M L A B Q L V W U I P C Q M V
Q K E Q V N O V F I Y I M R Y T E F A S
U S R N Z A R P B E P M R B X G G Q I S
L E K J J G T D R A O B Y E K A L C L Q
O D Y C P T N Y R G G I L I A M E H I F
G P D R A R O F U L N U A C I E O L N P
I E O H R A C Z O J I M O O K N E W E W
D M R F E C L O O I L K D E F G B K D D
M G S R N K A Z S E I T I N U M M O C J
L U T E T P T L L Z A H E Q M K G P C Z
C S I T C A N M G P M O Z O P J A D P G
B E M S O D E R G Y E L R R I S T E N V
L R I K N A R X B R Q P I G S H Z I N F
K N L E T A A Z G W J V L W M P M O F C
S A E O R P P Z M B A P O T P A L B D T
A M M W O V Z W W C C R G Z G I W X O S
K E I D L I X G Y Z D W I K O I A R L B
J B T H S Q P J C O D I N G D K W W U C
```

WORD LIST

PARENTAL CONTROLS

LOG IN

strong PASSWORD

CODING

KEYBOARD

TRACKPAD

PRIVACY

LAPTOP

DESKTOP

internet SAFETY

EMAILING

GAMING

TIME LIMITS

COMMUNITIES

USERNAME

MMORPG

LIV AND MADDIE

MAN VS. WILD

BLACK-ISH

ELLEN

FRESH OFF THE BOAT

HENRY DANGER

THE FLASH

RIVERDALE

anne WITH AN E

LITTLE BIG SHOTS

DRAGONS: RACE to the edge

the WORST WITCH

rainbow butterfly UNICORN KITTY

ANGRY BIRDS

all hail KING JULIEN

GIRL MEETS WORLD

spongebob SQUAREPANTS

TV SHOWS

From animation to live-action shows, there have never been so many choices in deciding what to watch! Which one is your favorite?

```
I Y P T L V S O G I R L V S W I L D I Q
C T S E K B E I D D A M D N A V I L M B
Y T T I K N R O C I N U R H Y O I I A H
F W A G T A S M C J P H R D Q T M W N O
J Z P I T A D W O R S T W I T C N S M V
V N E R W V O R J F I B U L Y E E V E L
S D R L I O P B E N D Q E E B L I N E I
N H A M T L R W E V X B A C O U L A T V
O E U E H Y U L X H I O B A E B U M S A
E N Q E A V N D D G T R U R L L J W W N
L R S T N Q I N S Z H F K S L A G T O D
A Y D S E W C H E I S G F N E C N U R M
D D R W A Y O M D L A T O O L K I O L A
R A I O S T R R Y U L N A G H I K Y D D
E N B R S J N F S Y F E V A R S B K Z D
V G Y L M S K P D T E H N R D H E W J I
I E R D A D Y R N E H P Q D E A R R N L
R R G O Q A W O R S T W I T C H W I F I
S T N A P E R A U Q S B L A C K F I S H
V Q A X F S Q U A R E P L A N T S P R F
```

ANSWERS ON PAGE 102

MAGIC TRICKS

Whether you're a magician's apprentice or a total pro, there's always more to learn when it comes to the world of magic! Find the words below before they vanish!

WORD LIST

HOUDINI

MAGIC WAND

GUESS THE RIGHT CARD

ABRACADABRA

ALAKAZAM

RUBBER PENCIL

WATER TO ICE

DISAPPEARING BALL

SAW SOMEONE IN HALF

MAGIC ROPE

LINKING RINGS

COIN BEHIND YOUR EAR

PENN

TELLER

LEVITATION

SLEIGHT OF HAND

```
Z O T D L N J D J X V Y V H I R H A O E
Z R U I W S H P I L T D Q Y G D T I W K
M U U S S G N I R G N I K N I L N N Y J
A B R A C A D A B R T S G S O U A I C J
C B Q P V F W G X D P E A T W Z W D O Y
I E M P S L E N S W Y P L E S U C U I S
C E Q E Y A I X N T P P X L D E I O N L
D R A C T H G I R E H T S S E U G H B E
M P B R N N V D A Z P N R X H R A L E I
A E R I D I P R B O O U D S Y F M G H G
M N A N F E I H Q E B O R C I G A M I H
A C C G R N R U B B E R P E N C I L N T
Z I A Q G O M H E K X B I L A O A O D O
A L D B S E J R Q E Q S H O U D I N Y F
K U A Q S M P K D N A W C I G A M R O H
A L B U O O D W A T E R T O I C E B U A
L A R F N S B C L G G C R Z Q W A D R N
A A A C O W L I N K I N G R I N K L E D
T Z I V M A G I C R O P E E L L E T A A
A L T X T S L E V I T A T I O N P L R A
```

ANSWERS ON PAGE 103

THE HOBBIT

RING

BILBO BAGGINS

GANDALF

SECOND
BREAKFAST

GOLLUM

SAURON

THE SHIRE

GOBLIN KING

SMAUG

OAKENSHIELD

MIDDLE EARTH

FRODO

GONDOR

HALFLINGS

HARFOOT

STOOR

FALLOHIDE

TOLKIEN

From classic 1937 novel to big-time 21st-century movie, *The Hobbit* is a story for all to know and love. Even if you've never thought about Second Breakfast before, give this puzzle a try!

```
P A S L E D I H O L L A F S F Z M F U J
T O L K E I N Z C A F T E T T D L R S E
H M H R T O O C Q D K C Z Y X A I U M X
E R A G S R M C C O O E S O D N B P A Z
S M L M F N T O R N B B N N H L H K U C
H Q F G V M I D D L E E A R T H J H G J
I S L N P H G G N Z N G U A L V G P N K
R T I I B O G S G D P E G X F T Y G F P
L O N K Q W A W T A L A W O L D H O K O
E O G N T E N Y D B B E D H I R T N R M
Y R S I O I D N K Q S O I E N E J D I T
M U L L O G A E K N R A B H G D K O T J
I N I B F B O D W F E C U L S X J L D A
U C V O R A F N B K N I I R I N G V O W
G X V G A W W B D Y R D K N O B E Z D T
M E H Z H M O T X O N U H L Q N A K I C
U W M T S A F K A E R B D N O C E S A P
D C B T G O B L I N K I N D D T A Y X O
H Y M N T Z X O T H E S H I R E Z T M Y
F W X C A Y S I Q R D O N Y Y U N Q L D
```

ANSWERS ON PAGE 103

ANIMALS WITH STRIPES

Line 'em up! Some animals have spots, while others are solid as can be. These animals have stripes—and whether you've heard of them or are about to go look them up, see if you can find them!

WORD LIST

TIGER

BUMBLEBEE

ZEBRA

STRIPED MARLIN

OKAPI

CHIPMUNK

SKUNK

CUCUMBER BEETLE

NUMBAT

CORAL SNAKE

CLOWN FISH

BONGO

BABY TAPIR

MANY-LINED SKINK

RED-EARED SLIDER

black-and-white WARBLER

```
F D W N R U G L B N V T C X R V R L U L
Q U P A X V S H C U G K S E V D M J P G
F Y D X X L I V F M V V G A R R X E A A
M V B V G Y F W H B L G C P E H R L B N
T A N U I O N D S O I U H G D A I T K B
Z H N I M C W U U T O P I Z I F P E N D
X E B Y L B O T E D M T P L M A E W L
B B B H L R L R W M A Q M U S A T B Y W
G F I R O I A E E R G O U Q D V Y R A L
N F D E O F N M B L S X N B E C B E A V
U K G K Z H Z E D E S W K L R I A B V A
M I H A C K Z Y D E E N Y C A U B M M I
B R C N L G D I E S P M A F E M D U L P
A G A S O R H B I W K I V K D W U C Z A
T T T L W A F O K A P I R V E S B U N T
R M D A N M P N I N B R N T R V T C W Y
P K T R F V S G P J K N U K S B W J R B
I B A O I I L O P M O C W E F K B J S A
H G G C S G X S K J R E L B R A W I A B
O E K F H C U C U M B E R B E A T L E C
```

WORD LIST

PARANORMAL
INVESTIGATION
GHOST
HAUNTED HOUSE
UFOLOGY
ALIEN
BIGFOOT
VOICES
POLTERGEIST
ROSWELL
AREA FIFTY-ONE
SPIRITS
MYTHBUSTING
SUPERNATURAL
LOCHNESS MONSTER
CRYPTOZOOLOGY
ELECTRO-MAGNETIC
PARA-PSYCHOLOGY

PARANORMAL

For believers, the paranormal is an area of intrigue and mystery. For skeptics, it may be nothing more than the product of an active imagination. One thing is proven: All of the words listed here are hidden in this puzzle!

```
J Y O A X A Y G O L O O Z O T P Y R C V
H G Y L A R U T A N R E P U S M S V G E
L O C H N E S S M O G H O U T U L Y S T
W L G S H B L K U Y Q D M L Z K R U Z N
R O G N P S U A X F J L L E W S O R E I
E H M H W I E P M E O A M Z D H N I M T
T C Y J O J R C R R Q L R O D G L G O S
S Y T P L S K I I X O C O E M L K G Y U
N S H G E F T T O Q N T G A R X E T B
O P B J W U R U P S V N A F I F M G F H
M A U C S V J W R P U J B R J C I Q I T
S R S W O B P A R A P S Y C A U D F F Y
S A T Y R W L A H Q M J T L R P M R A M
E P I M C I T E N G A M O R T C E L E Y
N I N V E S T I G A T I O N Z N S H R Q
H G G W E Z U E N O Y T F I F A E R A M
C Z G T G D Y G O L O F G Z D X L U R J
O B L S U M V W O W N E I L A L A K U K
L O B I U F O L O G Y N B N R K O M T V
P Y K P Z P O L T E R G E I S T P Z P D
```

ANSWERS ON PAGE 103

APRIL FOOL'S DAY

In the 16th century, officials in France decided to change the start of each year from early spring to January 1. It is believed that people who refused to go along with this change were called April Fools. Don't be an April Fool—find the words below!

```
G D Z N N Z G O O D S P O R T V V A A C
L S W I O G L A U G H I N G O S S P H Q
F S Q U I R T I N G F L O W M Q C R B W
N D N T S L U N N F A K E O U T U I S H
J X P E U Q R H N J O K E S H V E L V O
V Y P R C V U Y G J V D O A N I E F Y O
G N K Z E S P I V R B Q N L Y H P O W P
O A P Z I S E Q R K P D M A I P F O O I
L C W U P K O K Z T B S D Y Y V G L V E
E A Y B O N Z O A U I S B N N W F S V C
H N N D O A D S Z N L N E N N A O D H D
M I F N H R V Z B O S J G U U S O Y G U
G S Y A W P E F O D R C T F Y O Y I O N
V E H H A R P F A K W Y R F L F W T O C
N K N S I L L T N P O U I N L O E F D Q
N A G R V I S A X S X I C G I F W N S I
L N P E R D R O M U H Y K W S H H E P Q
M S L P S P G K G E N L E Y O F O B R J
X T A P R I L F O U L S D A Y W O S O I
I U E Z Q B Z A N S X R X M V I P V T O
```

ANSWERS ON PAGE 104

WORD LIST

APRIL FOOL'S DAY

FUNNY

PRANKS

JOKES

SQUIRTING FLOWER

LAUGHING

GOOD SPORT

HAND BUZZER

FAKE OUT

HUMOR

SNAKES IN A CAN

TRICKED

HOAX

SILLY

43

ROOT WORDS

WORD LIST

SCRIPT (to write)

GEN (birth)

AMBUL (move, walk)

AUTO (self)

CYCLE (circle)

OMNI (all)

CARDIO (heart)

DEM (people)

CENT (one hundred)

GEO (earth)

ORTHO (straight, correct)

MULTI (many)

TEMP (time)

CIRCUM (around)

SPECT (see)

CHRON (time)

Root words are the "meat" of many of the words we use in our everyday lives. Can you find them all?

```
W G V U P L U J E J L F M J N I Z M L F
A P C A Z I T T R L C D C U I U E G U M
Q L A O X U U G E S C V T A C D U M A Y
E J M H G A X G F C S P N C H R O M S A
Z H Y D T J X C G Z I I U C U V I S Q M
E A N X K R J H H R U O I X V D B C X T
A H O Q J M O T C W N C I V A W W R Y U
T J R R F J P S A H B S X T E L H I T X
L F H A T B E Z R D R Q D G L V S P U X
U A C C I H V D D L F O N H C U P P C C
M B X E X B O S I A Z Q L S Y S M K R A
D O M S P D Y G E O P Z A M C U T A I K
J M P K A S K R L V H U O R D S P E C T
I N S M H Z Z P C N C O I C M B F T E B
R I B O E Q A W W X J I O T O E G E N R
K U M F R T G X S I P D U T C J N M T O
L T Q T G E T A S T O R U X C Z E T E P
S U B Z Q F X D Y U A A M B U R A J P Q
L Y N C B P R A O C T C Y C L I R M X Y
Q X P J X B R R E L M C Q D B V B S S H
```

ANSWERS ON PAGE 104

LIFE ON THE FRONTIER

In the 1800s, North American families heading west built new settlements and enjoyed unexpected adventures. They also faced hardships that would be difficult for us to imagine now.

WORD LIST

COWBOY
GRASSLAND
HARVESTING
HORSES
LOG CABIN
MOLASSES
OUTHOUSE
OXEN
PONY EXPRESS
PRAIRIE
SADDLE
SCHOOLHOUSE
SETTLERS
SNAKES
STEEL PLOW
WOLVES
GO WEST!

```
C K W S B P O S Z C A G O O I C W W L I
L P O N Y E X P R E S S F W N A Z X P C
K C R E K S E S U O H L O O H C S N M B
Z G M K P G E Y Q H U L W M R O H H M C
N P X S A I J T P S V W A L P L E E T S
A F L G R S Q V T E G N I T S E V R A H
Q H Y I Y R N I S L W O L P L E E T S U
J O A Y S L B N I U E Q V S D C S E I I
I R D F E A A L U V E R E Y A K S N W M
P S S Z S K D L O Z O O S P Y S B W O C
R E I X E H H D J G W F R Z A E I L L Y
A D R S S N D I L T C E N L U T E G F P
I N K M R V Q N I E A A O M R T G W E H
R B F J O X Z X A K D M B V L X W S C
E S U O H T U O T L O A G I O U I S S O
E Z T S U O H T U O S O S C N D S J N W
R X T Z S N Y O X V W S C M X S E E A B
Y S Z M K G G O P E T A A V L J X L P O
S C H O O L H O S E L P F R O O U E Y
M X F N D L B T S O Y R Q Y G N Y R S O
```

NATURAL DISASTERS

ANSWERS ON PAGE 104

WORD LIST

BLIZZARD

HURRICANE

TORNADO

TSUNAMI

WILDFIRE

AVALANCHE

VOLCANIC ERUPTION

FLOOD

SUPERSTORM

CYCLONE

SINKHOLE

DROUGHT

DANGEROUS

EMERGENCY

WARNING

FIRST AID

RESCUE

STORM CHASERS

Sometimes the weather and other conditions in nature lead to big events that are out of our control. When this happens, people from all over the world often join forces to help however they can!

```
X V E D G T L X K G L S D J L X H Q Q I
E Y J N N B L N A Q M X I S U W Q Y I W
N O D R O U G H T M D F I R S T A I D U
A R A G W L P A S U I R E G N A D G B I
C D E F U Y C H Y C N E G R E M E I M C
I F G S W Y J Y Y R W Z V G R H P A U D
R V O L C A N I C E R U P T I O N H M Y
R R V Q S U R D R A Z Z I L B U T R Z H
U X E S W I L D F I R E P A S D S V S U
H Z F N R Q Z I O H W Y A T R T Z U T R
W R B S G E F T K J K F D X F C P F O R
A O L U U Y S O W G D V S F I E I I R I
R P U O G A V A L A N C H E R K M D M C
N Y Z R T V N U H Y R R C S S D V T C A
I A M E N U S T J C X N T J T J O N H N
N O J G N L X G E A M O I R A R C O A N
T S I N K H O L E H R R S N N Z B B L Q
C M A A H F A P F M Y Q O A G U W T K F
A Q V D J R E S C U E K D T M P B L R G
P F L O O R F C A K O O S F S C L N P Q
```

46

SHOPPING!

Go shopping for these words . . . all about shopping!

```
R W F X M R F J A S B B L C V Q Q M G X
B T E D S A V E O V E A B K C C B Q X J
I A T X N P Q H V C R R I X L O C P M X
I H C G R S O O I D V G X D O M E N B H
B A L K U H H R U B K A X C T P C B F J
O A O V T J P I R J A I A A H A L A C R
S K T E E O Y O P J A N A A E A L C C R
Q R H T R S W F S P Z H N X S I U K B A
Z I O T B S L S M E I U J Y W S P T G L
B L P S I R E D R O E N I L N O M O M T
H W O N T L K T D A F T G S I V Z S Q Y
J P G E A Z Q Q R T L I F F D C E C B Y
U C S S M P K P R U O N W E R O S H O E
P R S A V I N G Q I O G N E O U J O K Y
H Y L S H O P P I N G C O C S P O O L U
G L S N S J S E O H S H D D Y O H L C S
D D C X Q U S J H P S J X O C N O D K M
G C N S N O S I R A P M O C O S T G O G
V U S Z H B V V C T U S Z Z G F S N C L
T W X H T F V X K N O P U O C W P I V M
```

WORD
LIST

MALL
SHOPPING
ONLINE ORDER
RETURNS
SHIPPING
BROWSING
CASH
SAVING
FOOD COURT
SALES
CLOTHES
SHOES
COUPONS
COMPARISON
PRICE
COST
BACK TO SCHOOL
BARGAIN
HUNTING

ANSWERS ON PAGE 105

AT THE MOVIES

WORD LIST

POPCORN

SNACKS

SCARY MOVIE

COMEDY

DRAMA

FIRST ROW

NO TALKING

CELL PHONES OFF

PREVIEWS

SEQUEL

3-D GLASSES

CGI

RATINGS

TICKETS

ROTTEN TOMATOES

SPECIAL EFFECTS

SURROUND SOUND

IMAX

Doing a word search is like going to the movies. It can be super scary or it can make you laugh! (But hopefully we never make you cry!)

```
I N O C W G H S T E I V O M Y R A C S K
E O T A M O T N E T T O R A G Y C N O N
V T H N L 3 D G L A S S E N S O C H R P
J A G T P O P C O R N V H L M G J C R V
L L U T I C K E T D M X S E Q U E M O Z
E K N M Q S U R R O U N D S O U N D U G
U Q A S J H X U X Y O Y E R X A M I N N
Q V I D Y C F F O S E N O H P L L E C F
E H C S T C E F F E L A I C E P S S C R
S J G F H C K L P O W P W S A I G C Y F
E N E W I 3 D G L A S S E S C N U S N G
A F A C J R B X Y P P B O U I S K E O N
P R N C S 3 S H O O H V Y T I C K E T S
R M F A C D H T A F K O A J A N Z J A E
E K C M Z G Z R R F H R E N C I B E L U
V C C A P L S M T O U J S S Y I V L K V
I J Y R S A Y X O M W J Y M O F G E I P
E N W D X S E O T A M O T N E T T O R R
W L J Z Q S F U N X N F T X E G F M B P
S M F O N K A R G N I K L A T O N O H R
```

SCHOOL DANCE

Whether it's in the gym or the cafeteria or at a fancy hall, school dances can be a ton of fun. See if you can find all of the words below and then . . . dance!

WORD LIST

LOUD MUSIC

DJ

CHAPERONES

DABBING

FLOSSING

SLOW DANCE

DRESSED UP

DISCO ball

JUMP

CAFETERIA

SCHOOL GYM

BOWLS OF CHIPS

BALLROOM

CHA-CHA SLIDE

COTTON EYE JOE

MACARENA

STANDING AROUND

```
Z S E U G B G B B S P I G C F O L W O B
C T M F L V C A O K C N J N J I O G D Y
C A F E T E R L A W I J Q D N M U N R G
O N T C O F J L A B L K S Q L Y D I E E
T D I H P E M J B E P S A N R G M S S S
T I U M V A M A U E A C O L Y L U S S N
O N I Y O C D K I M E X U F V O S O E I
N G M G Y O W C Q D P N P O C O I L D G
D A U L R A R N I D N A T S Q H C F U T
Y R N O D I K L Q N G E L P M C I X P U
E O E O S U S P L I C J Y M Z S L P Q F
J U R H R A N R H A D A S Q D K J A S B
O N A S H R C M S C B Y F C D U S I L R
E D C C X Z K K S E N O R E P A H C M X
T I A A E S L O W D A N C E T G J Z B S
L H M D D P A K S J O L W S D E S S W N
C I A E C M C B M W W C N B I I R F H E
T G X B A U D I S C O B A K E D A I K I
P F O O R L L A B A N E R A C A M M A S
O I A T C O T T O N E Y E J O E I D Q T
```

NEW YEAR'S EVE

WORD LIST

MIDNIGHT

AULD LANG SYNE

RESOLUTION

PARTY

SNACKS

PARADE

COUNTDOWN

FIREWORKS

SPARKLERS

CONFETTI

GLITTER

TONGA

HAPPY NEW YEAR

STAY UP LATE

NEW YEAR'S DAY

When the clock strikes 12 and the calendar page turns, there's only one thing to do: celebrate! Find these New Year's Eve words in the word search below.

```
N V B V H E G J J Q M X N A X X B G B X
M U M E M O O G W Z S O I B J V Q Z C M
N D G S Y X L Z C T C X C U E G I P Y S
E O H Q A I D E A X H W J Z D I J P D J
P O I B T Z L Y I M I Y K M G C P L F E
V W U T E J U H W F I R E W O A D B V W
I E E Z U P A R R I G D M U H H C D F V
M R H I L L Q X J R J Y N V W J K A M D
J I J A Z C O N F E T T I I L F V W C L
Q F T D P N B S N W D R R R G D O G C P
F E E O R P X Z E O B A R O K H W E N H
E W V J C S Y S W R V P R X H L T N J L
L Z P H S G W N Y K D D I A A C O L P O
T D V G V Y M D E S S Y C B P Z A H H B
W S H K W U C F A W N J B L B E M Q G M
H I X P X R Q G R N Y A C R K F J X N H
A U L D L A N G S Y N E C X L A B F U H
Q P M U Q O M R D E V A A K Y S J H P Q
D I V H T E S P A R K L E R S N Q Y L N
M E W B M N S C Y Z I V M X R R K W W G
```

ANSWERS ON PAGE 105

KEEPING IN TOUCH

Send a text. Make a call. Mail a card. It doesn't matter what you do, just be sure to keep in touch! But first, find the keeping-in-touch words below!

WORD LIST

TEXT

GROUP CHAT

VIDEO CHAT

EMAIL

SIGN LANGUAGE

BIRTHDAY CARD

SPEAK

PHONE

CALL

LETTER

NOTE

HIEROGLYPHICS

POSTCARD

WHISPER

FACE-TO-FACE

MESSAGE IN A BOTTLE

```
G W Y R S W F K U X A B Y Z H G I Z D M
K N O T I C T Z W A M K R J T C V M R V
M I P Q G D I O O E H A E P E S P E A K
D H J K N R S H V V S T H R X U S S C L
L G T T L A R E P S I H W C T P N S T K
I E A H A C I N F Y N W I Q O N T A S Q
A Z H Y N Y Q O A G L N L P Z E Z G O O
M Q C A G A F P C A A G A T A C D E P G
E K O B U D F H E D N X O B J A F I P P
M E E T I H V O T X G X L R B L X N V V
S E D F S T S N O H U G H X E L L A J G
W P I I H R A O F N E P I A R I Q B Z G
Q S V N L I O H A T G I M J T P H O N E
H U L A D B G L C M E G R Z H F V T W W
V F R E T T E L E P K I K O D Y T T T F
Y W H I S P E D T D U H H W G L G L D T
L H W E B H S X O W M O Q A Y L F E Z L
K C M U L Z M W N G W S R O C A Y U Q Y
J I J J E G A U G N A L N G I S Y P C P
T I J P E J Y Q J K M C I B U S M F H B
```

CORAL REEFS

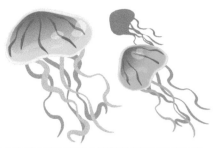

In waters all over the world, coral reefs provide food and shelter to up to a quarter of all ocean species. These marine ecosystems are threatened by shifts in their waters, especially pollution from humans and climate change.

```
Z P F P H O T O S Y N T H E T I C D J D
J R K C N O I T A V R E S N O C Y O E F
P X A N F V X M D F O C T D F Q D E C N
O S D I R E E N J Q U A F A R I P N J W
L W T D H R E Y T G X L C N I S A D E G
Y D R A U S T R A L I A J G N H I S L C
S E L R G U A E R U G Y N E G G X Z L A
P R O I W H G D E E I J V R I O I I Y R
Y E S A U Q H C A R I B E A N M I H F I
L G G A W N O J O G L R A Z G R I S I B
O N L O T A R G H P L S R E B U G I A B
P A P A H A N A U M O K U A K E A F C H
K D O R D E W J Q P T J H R B I Q Y R O
W N L H U N D E R W A T E R E T P L O R
U E Y Z S L O Q I A B A U S T R A L P A
L J P S D X W G M O Z Z P G S T C E O J
L I P E R E G N A D N E X Y U Q F J R Z
J S S L A R O C A E S P E E D H L Q A G
P T G M S L E U J N R O H G A T S B L T
T T Z G C D R N A E B B I R A C P F T T
```

ANSWERS ON PAGE 106

DINOSAURS

Beyond *T. rex* and *Stegosaurus* lies a world of information about dinosaurs and the time in history when they roamed the earth. See if you can dig up all of the words listed.

WORD LIST

PREHISTORIC
MICRORAPTOR
HERBIVORE
CARNIVORE
SPINOSAURUS
ARCHAEOPTERYX
PALEONTOLOGY
PTEROSAUR
FOSSILS
CLAWS
TEETH
IGUANODON
TITANOSAUR
SAUROPOD
PACHYCEPHALO-
SAURUS
PARASAURO-
LOPHUS
THERIZINO-
SAURUS

```
Y G T W R L I E X X G S N K Y X O N H C
G R C S U P A L E N T O L O G Y H P R A
O F R U A S O N A T I T C F J R R P A R
L Y H R S K S S Q S S L Y J E E F A B N
O S Z U O K C A J I A L I N H T K R W I
T U M A R H R U B W D G Y I S P H A A V
N R H S E E W R S V U E S K I O E S H W
O U U O T R F O D A J T P W K E R A A Y
E A G L P B X P N D O H I L R A B U H K
L S N A F I H O Y R T D N T P H I R P G
A O X H J V D D I E O L O P T C V O S X
P N D P G O J C E A H V S B F R O L L V
R I V E N R W T C F C R I C V A R O I A
X Z G C A R N I V O R E U N P W E P S Y
T I X Y U W H D Z C E E R G R B A H S R
Q R T H E R I Z I N O S A U N A O U O L
C E X C C S Q T G N V C I M B G C S F U
C H P A A K E U R O T P A R O R C I M F
G T W P H S U R U A S O N I P S I O Z F
V T I T A N O S O A R O I S Z K W R N Q
```

PHOBIAS

WORD LIST

ACHLUOPHOBIA
fear of darkness

AGORAPHOBIA
fear of open
spaces or crowds

ASTRAPHOBIA
fear of thunder
and lightning

BOTANOPHOBIA
fear of plants

CHROMOPHOBIA
fear of colors

ELUROPHOBIA
fear of cats

IATROPHOBIA
fear of doctors

MYSOPHOBIA
fear of dirt and
germs

**NOSOCOME-
PHOBIA**
fear of hospitals

OMPHALOPHOBIA
fear of the navel

ORNITHOPHOBIA
fear of birds

PHILOPHOBIA
fear of love

SOMNIPHOBIA
fear of sleep

TECHNOPHOBIA
fear of technology

ZOOPHOBIA
fear of animals

From achluophobia to zoophobia, there's a name for every fear in the book. How many of these did you already know? Find them all in the puzzle.

```
A  J  P  Y  U  M  Q  G  T  V  J  J  Z  D  X  A  B  H  Y  A
I  I  C  B  G  D  L  P  L  K  F  O  W  B  F  I  N  I  I  D
B  P  H  I  L  O  P  H  O  B  O  A  W  Y  M  B  F  B  D  Z
O  P  A  S  A  I  B  O  H  P  O  R  U  L  E  O  O  X  A  I
H  A  V  G  V  T  B  H  A  C  H  L  U  O  P  H  O  B  I  A
P  I  L  J  O  A  I  B  O  H  P  O  O  Z  P  P  E  O  B  I
O  H  B  S  V  R  D  B  F  R  B  W  C  E  C  O  H  V  O  I
H  O  I  A  S  T  A  P  H  O  B  I  M  B  S  N  A  C  H  Y
T  H  C  L  G  H  V  P  K  M  O  O  K  Y  A  A  V  O  P  E
I  P  M  N  O  T  H  Y  H  O  C  N  A  A  S  T  D  K  O  Y
N  O  I  E  X  P  A  I  B  O  H  P  I  N  M  O  S  D  N  K
R  N  S  U  L  L  H  R  S  P  B  P  P  T  H  B  P  P  H  A
O  H  O  T  N  O  R  O  I  H  K  I  Y  E  O  T  C  H  C  T
O  C  P  L  A  B  N  L  B  F  U  R  A  P  Q  E  V  O  E  F
M  E  H  W  J  S  S  X  N  I  G  C  T  C  H  D  B  B  T  Z
D  T  O  W  O  M  O  M  P  H  A  L  O  P  H  O  B  I  A  N
C  S  B  F  K  D  N  C  H  R  O  M  O  P  H  O  B  I  A  G
W  A  I  B  O  H  P  A  R  T  S  A  B  O  D  D  I  J  A  G
R  T  A  I  A  U  X  A  I  B  O  H  P  O  R  T  A  I  X  I
B  W  Z  A  I  B  O  H  P  O  S  Y  M  K  P  T  X  E  T  O
```

FIND IT ON YOUTUBE

When they're not doing word searches, some kids spend a lot of time watching videos online. If this sounds familiar, think about all of the kinds of videos you can choose from.

WORD LIST

SLIME
UNBOXING
OLD TV SHOWS
GAMING
HAUL
MEMES
EDUCATIONAL
COLLECTIONS
REVIEWS
HOW-TO
TOP TEN LIST
VLOGGING
TRAILERS
COOKING
PRANKS
ANIMATION
INSTRUCTIONAL
NEW MUSIC

```
P B U W Q C P R E G E N D Q A W M S R W
S F T N I A Q R A V W N N J T A L K D S
N L T F B Z U M A L G O E Y M D P L W R
P A B O I O I I G N X I W D J J I T B E
W N J L E N X L M L K Q M C U I Y H G L
U O N D G M S I Z T X S U Z E S I G T I
L I R T K M W T N L U Q S M A D O G K A
P T G V S A Q B R G X F I E Y D O N W R
R A S S N H O W G U O F C D Y S F I J T
Y C W H G S N O I T C E L L O C V G B A
U U X O Y O V K T G R T S Q C D N G E R
B D L W W C L G Q C I Q I X B M Q O D O
U E W S H O J X A U E G Q O F H K L N W
X I K C D V O S E M E M A V N V S V F X
E C O O K I N G B G V W J F K A N X F O
T U L A V C U S R D M W Q A A V L S S T
I Z L U E E L D S T S I L N E T P O T W
J P D A I I O G V Q O E S W E I V E R O
B D N Q M M P N O I T A M I N A X Y K H
V P E E Q N P J M I L U A H F T T L E U
```

JUDY BLUME

WORD LIST

SUPERFUDGE

FOURTH GRADE

FRECKLE JUICE

FUDGE-A-MANIA

PETER hatcher

SHEILA
the great

FARLEY drexel

MARGARET simon

WRITER

FICTION

SOUPY saturdays

GREEN
KANGAROO

SALLY J.
FREEDMAN

FRIENDSHIP

BROTHERS

SISTERS

FAMILY

YOUNG ADULT
novels

The works of Judy Blume have been making kids and teens laugh, cry, and think for many decades. How many of these words about her work and career can you find?

```
Q F A J G K O A L S T V S K B I T H K E
G I R O T O O F Y U U B J K I Z H X F D
N G N E T I R W R P D A W Y W X R U R A
Z N H V C O J D S E T R Y F L K A Z I R
G Z E Y X K V L A R C B A F U L T N E G
R B Q P V V L X L F M K N R I C A Z N H
E S O U P S I E L U P I L E Y M O S D T
E Q F A M I L Y Y D W I H E A Z F Q S R
N F U S F Z F O J G D S S E J A O V A U
K B G H O H Z U F E O E G I R U D A E V
A R G Y U U Q N R Q H D O L S E I F T T
G O E N R G P S E P U R E Y S T T C D L
G T N R T I W Y E F R Y L L G P E W E U
C H G E H M J T D P I H S D N E I R F D
I E Z T G W E E M R P E T E Y W U I S A
M R X S R R A W A M M A R G A R E T Z G
Y S E I A F T Y N O I T C I F J S E E N
S H B S D S S I F F Z S Q T A V B R G U
Y D U A E U C J F B E U P S X H F P M O
J W M N O O R A G N A K N E E R G A K Y
```

ANSWERS ON PAGE 107

IN THE KITCHEN

What's cooking? With this list, everything! Can you find all of these kitchen accessories in the puzzle? Bonus points if you have all of them at home!

ANSWERS ON PAGE 107

WORD LIST

COOKBOOK

MIXING BOWL

SALT AND PEPPER

MEASURING CUP

CHEESE GRATER

CUTTING BOARD

TIMER

THERMOMETER

MORTAR AND PESTLE

FORK

SPOON

KNIFE

MANDOLINE

ICE-CREAM SCOOPER

SIFTER

CAN OPENER

CAKE PAN

PIZZA STONE

```
A R R R D R E P O O C S M A E R C E C I
C H E E S E G R A T E R E B M A E A P
T C F T T N U N D Y P N U A L O O P K E
O U R J F E E D R D D B B V Z C F W E S
N M C E W I M P P I Z Z A S T O N E P S
P O I G A C S O O U H Q I I P O X O A G
L R O X J M E C M N C O F F N K O L N V
C T I P I V S F R R A G P T M B T X W S
U A Z C S N Z C N A E C N E X A E R J M
T R P J C Q G L O E O H I I N Q E N N K
T A M I X I N G B O W L T D R T L C E E
I N T A Z G K R B Q P J P T A U O P R F
N D A O N Z N A B O T E E R I O S T P I
G P P O G D A T T H P U G S K M G A U N
B E E V C G O E F P J E L B P A E Z E K
O S K G Y J S R E U S N O Z F T B R E M
A T A E T H E R M E M O T E R O C F H R
R L C D S Q O I E F K Q I I I P R A B G
D E M E E A H H Q S B O O K B O O K C V
Y X W K Y L C A K E M A N D O L I N E T
```

BEYOND DOGS AND CATS

FERRET

GERBIL

HAMSTER

GUINEA PIG

IGUANA

COCKATIEL

CHINCHILLA

TARANTULA

TURTLE

FROG

RABBIT

MOUSE

PARROT

SNAKE

PARAKEET

GOLDFISH

GECKO

KOI

TEACUP PIG

HEDGEHOG

SQUIRREL

COCKATOO

RAT

GUPPY

CHAMELEON

"It's raining turtles and rabbits" doesn't have quite the same ring to it as the usual saying, but it does serve as a reminder that the world of pets goes beyond our fun cat and dog friends!

```
M P W X N N U Z V N I W E P P U G R U S
M L P I Y D P A T S L P A R R O N E V P
K P A C G C T J V I G U A N O G M D P K
Z T A W F U C O C K A T O O L T R A I W
G F A P R H A A A B X U T B B A R G P Y
E E T T P R K N L S N A K E S R U N S D
E R L X M O U S E Q K S T L O A I K D K
E E T P A D P A R A K E E T N N T X H C
L T O T Y T J Z C N A T D A C T T O R E
R G M E Z A L H U C L E R R I U Q S K G
R A V R J K F T U A H S I F D L O G U J
I U D R X C W P X C L K G S L A E I H C
U R Z E L O P W H F B L F O V Y N G A E
Q A F F P I F Y C Q L I I E R E D E M F
S F F T G M A T P X Y B A H A F M C S N
L E I T A K C O C P J R M P C T T K T I
I G E C K R N K K J U E I A L N O K E U
X C E L B R E G I C I G Q K G I I O R O
T I B B A R C H A M E L E O N F H V Y
I U N E H E D G E H O G X X K V A X C A
```

ANSWERS ON PAGE 107

HISTORICAL FIGURES

From authors to inventors, activists to explorers, the historical figures listed here have had a great impact on our lives and on history. Who do you find the most inspiring?

```
W T W A S H I N G T O N Q I F R H Z J M
H L I B B M H H U U Q A G Y I G V Y A P
E I O C R A D D G S O N N Y U A S Y C Y
K N D H J X N E Q K Y I L O M A A D U B
X C R U T H B A D E R G I N S B U R G S
P O S R L L A D O O G E N A J Q W R M B
J L P C V T Z R W A C T C I O D D O A O
A M O H A B V Q P P H O O G L S O E L J
C G S I Q R H J M O N W N L B W Y L A E
K U A L E E G E K S U T M N R H O I L V
I H Y L N L O C N I L V A E O T O R L E
E A H L L G W X J I A L L I X R Q G A T
R M G A L I L E O L T L A Q Y C U V U S
O I D A M I I M Q C E R L H K D U S L Y
B L C Y N I F L L K M I A I C K K M I H
I T E D I D O N N E I U M A R Z M M C
N O O O F E H E D N V T N O H F U Y J G
S N L N G D L I Z O V E R I D N A H G W
O S T E V E J O B C I T S Z T J T P C B
N F R O H F P A U O L E G N A A Y A M X
```

ANSWERS ON PAGE 108

WORD LIST

TUSKEGEE airmen

OPRAH winfrey

RUTH BADER GINSBURG

abraham LINCOLN

j. k. ROWLING

MARTIN luther king jr.

MALALA yousafzai

HELEN KELLER

george WASHINGTON

mahatma GANDHI

MAYA ANGELOU

STEVE JOBS

GALILEO galilei

JACKIE ROBINSON

sandra day O'CONNOR

alexander HAMILTON

JANE GOODALL

WINSTON CHURCHILL

SNOWBOARDING

WORD LIST

- WINTER SPORT
- SNOWBOARD
- JIBBING
- OLYMPICS
- MOUNTAIN
- FREERIDING
- FREESTYLE
- ALPINE
- SLOPESTYLE
- BIG AIR
- HALF-PIPE
- BORDER CROSS
- X GAMES
- chloe KIM
- jamie ANDERSON
- mark MCMORRIS
- sébastien TOUTANT
- redmond GERARD

Come in out of the cold and see how many of these snowboarding terms you can find!

```
O I B U B P C X Q T O U T A N E F N E O
Z Y A N Z O D R A O B W O N S I R Z O L
E E Z B J B X G B Z T K T R I K E Q L G
L S Q Z S S O R C R E D R O B X E C Y E
Y N S U C N R K A Q R N L D M S Y M D
T O Q E Z C H O D W A U E Y C J T I P I
S N D M W Y N Z W E N U F M B I Y U I R
E I T A X B V A H B R R O P A X L Z C E
P P H G G I O A G P E R D I O G E P K E
O L O X V O L A M E R A L C F A X L S R
L A Q Q K F Z B R I T X R S I Z L B H F
S Z S R P R P I S D J O Z D P C K B S S
N M I I L G D R D Z W H U U F N L C J A
G T P G E I Z R H R W D N T T I H P V K
M E E R N P W F K F L L B R A R E G R Z
E O A G W B T S R M J I B B I N G B I R
N R X A G T R O P S R E T N I W T F A J
D X J M C M O R R I C A W P R D K S G B
A N D E R S O N V K F A L M Z O I N I V
K M B S U P X J A N I A T N U O M T B V
```

ANSWERS ON PAGE 108

SKATEBOARDING

Some people consider skateboarding an extreme sport, while others think of it as the ultimate way to chill out. What do you think of this pastime that evolved out of the surfing world?

```
K J W A H Y N O T K X Z Y T R C B T X Y
I C A F M Y K R Y E S L A I R E A O Y G
W L F V P B O E N V E R T R A M N A V
S T E A M E D L N O S E G R I N D N I C
R E P S A C F L L I U B J R W S E K O A
C K B J R C J A J I P A M C T W I S T S
T N N G T Q Q B S E E H F Q Q T E D V P
T O O L R E A A I O S S I L L O P F I E
V S N S E I I C T G I Y L M S A J L X A
D E B Y V I P K H A S E A K W P F O F O
N G Z E H Z T T B X K P A X T K J Z E S
Q R Y P J A R Z A C N T T W C Q Z K C W
W I G I B F W E I P E H I I P Q I A Q Q
Y N B P W I T K M B E V K Z S C C E A B
L R X F W N V M O A S H E C K L E R F I
A E O L J O U A X B E O Z F G C Y I H G
R E Y A X L R Z D Q Y T L G C S O A Y S
L A D H L D D U E D I L S L I A R L H P
B D K E D W H E E L B A S E O R B N K U
U C N I P S G I B L S U S J T R S R U N
```

ANSWERS ON PAGE 108

WORD LIST

SKATEBOARD

GRIP TAPE

WHEELBASE

TONY HAWK

steve CABALLERO

ryan SHECKLER

rodney MULLEN

elissa STEAMER

KICKFLIP

MCTWIST

OLLIES

RAILSLIDE

HALF-PIPE

VERT RAMP

NOSEGRIND

AERIALS

BIGSPIN

CASPER

FIELD TRIPS

MIDDLE SCHOOL

WORD LIST

ZOO

HISTORIC SITE

SCIENCE MUSEUM

PLANETARIUM

ART GALLERY

UNIVERSITY

SCHOOL BUS

TEACHERS

CLASS PARENTS

BRING LUNCH

GIFT SHOP

AQUARIUM

apple ORCHARD

nature HIKE

TOUR GUIDE

working FARM

PERMISSION slip

NATURAL HISTORY museum

From finding out who your bus partner is to class parents coming along for the ride, field trips are a super fun part of every school year. Can you find the words from this all-things-field-trips list?

```
T  N  R  B  I  Z  X  R  L  B  S  U  H  T  R  K  S  H  N  L
O  Z  O  T  U  G  E  D  I  U  G  R  U  O  T  O  C  H  R  N
U  M  E  T  I  Z  O  P  Z  J  M  P  Q  X  T  A  H  I  J  S
R  O  Q  X  H  I  S  T  O  R  I  C  S  I  T  T  O  K  W  H
G  M  U  I  R  A  T  E  N  A  L  P  P  O  D  P  O  Z  A  H
U  G  C  Y  T  I  S  R  E  V  I  N  U  U  R  E  L  U  Y  C
I  T  Y  E  V  K  F  M  H  Q  M  X  O  W  K  P  S  C  R  N
D  S  I  R  K  O  M  V  V  J  Y  C  Y  X  G  M  P  T  E  U
H  I  S  T  O  R  I  C  S  I  T  E  A  U  V  T  E  S  L  L
Y  I  J  Z  I  T  T  A  S  R  E  H  C  A  E  T  R  T  L  G
H  E  K  M  U  E  S  U  M  E  C  N  E  I  C  S  M  N  A  N
V  I  T  E  M  Q  L  I  Y  F  A  R  G  H  N  H  I  E  G  I
G  H  S  U  B  L  O  O  H  C  S  P  Q  P  K  J  S  R  T  R
J  D  F  T  Z  Y  J  K  A  L  G  G  G  W  N  P  S  A  R  B
D  X  Y  E  O  J  X  A  Q  U  A  R  I  U  M  K  I  P  A  G
M  V  F  Q  A  R  I  Y  E  Z  D  R  A  H  C  R  O  S  D  U
G  J  U  A  X  Y  I  T  A  N  L  N  U  P  Y  L  N  S  T  F
T  Y  J  D  R  A  H  C  R  P  O  H  S  T  F  I  G  A  C  Q
D  W  W  E  S  M  J  E  S  U  T  V  W  X  A  F  W  L  O  Q
B  F  R  I  P  G  I  F  T  S  H  O  E  Z  D  N  X  C  I  N
```

ANSWERS ON PAGE 108

HARDEST PUZZLES

REPTILES

COBRA

BOA CONSTRICTOR

CROCODILE

ALLIGATOR

GILA MONSTER

SEA TURTLE

VIPER

SNAPPING turtle

TORTOISE

MONITOR

SKINK

MAMBA

BASILISK

LOGGERHEAD turtle

RATTLESNAKE

GHARIAL

THORNY DEVIL

KOMODO DRAGON

While not all reptiles can camouflage themselves in the real world, these cold-blooded creatures have done a pretty good job of hiding in this puzzle. See if you can find them all!

```
F G G K G H A R I A N S E L T T A R S E
K B K I D Q C C C Z W C Y K P E O S Y C
S O Q R L L G N I P P A N S E G G O L Y
F D M Y D A E H R E G G O L T Y K X I V
Y W X O M R B O A C O N S T R I C T O R
Y S I M D E T H C R O C O D I L E Q O W
O E L O L O G N K N I K S A I K G T M L
Q A I N E L D Y B X V A I V F B I H J C
D T V I P E R R W F B O L V T N L H S E
U U E T K B A B A M B D O J O R A E K E
T R D O B N I L A G Y E W M R A M N I S
M T Y J R F F M L N O C A N T U O Y N I
A L N W D N L K R I E N T C O T N K E O
M E R O A Y G O U K G L V C I I S G S T
B M O P V F H J C N M A Z N H B T W E R
O D H Z M T L H K C R N T S E O E O G O
B E T E H N U U M Z O T X O U K R P R T
R R T B A S I L I S K B D Z R H M Q Z S
N M Z I C H Y E Q O P I R S M C A N X H
L V E K E K A N S E L T T A R I Y U I G
```

ANSWERS ON PAGE 109

GREEK MYTHOLOGY

How many of these gods, goddesses, and other terms from Greek mythology have you heard of?

WORD LIST

ZEUS
HERA
HADES
ATHENA
APOLLO
ARTEMIS
NIKE
NEMESIS
HECATE
DEMETER
SIRENS
CERBERUS
AMAZON
HERMES
HESTIA
CYCLOPS
HEPHAISTOS
MOUNT OLYMPUS

```
Y O R B X U O R G S A C Z N X T S M M L
V L H J C P F L C U O L Y M P U S X D Z
Z C K M H H A N X P S X R C G Q L L I E
B E N K A E B P A M A Z O R L G B R T D
V R U X D R D F O Y Q K C T F O X I G B
O B J Y E M T X T L S Z A U Y J P I N O
L E V K S E V E A O C E R B E R U S E I
L P O H R S C K E T S K E J Q U O O O S
O U X Z E G W X K N H W H W K T V K Y U
P S Y B V P P M I U M E H D S C D R D E
A I T S E H H V N O S E N I G B T E B Z
T R Y X C Q K A O M S W A A B T N T W P
R E L U C E V E I O M I D K H W O E G A
V N G S D C Z F B S H A S C A A Z M B N
T S G W F D T W M P T P Y E R R A E L E
D W S L Y N I R E A P O L L M T M D V T
I E C D E E N H F R T D S D A E A M N A
S Z V R C E Z Y D P W T C E M M N F P C
D O I W J I E C Y V T L M M D I E S J E
P S V H L L M U T I I T S E H S O F Z H
```

ANSWERS ON PAGE 109

WORLD ENVIRONMENT

WORD LIST

- ENVIRONMENT
- EARTH
- POLLUTION
- CONSERVATION
- GLOBAL WARMING
- EMISSIONS standards
- electronics OFF
- CLIMATE
- OUTSIDE
- MOUNTAINS
- RIVERS
- CLEAN-BURNING fuels
- clean LIGHTING
- RENEWABLE energy
- RECYCLING
- COMPOSTING
- AIR QUALITY

Find these terms related to nature, the environment, and climate initiatives!

```
T N E M N O R I V N E Z N R O Y C Y N H
V T M D O U K P S L Z H Q D V D L Y M D
C K I G V G U N Y J A J E O C C E J H C
L D S L A N Z R E T R D K Q K E A Y J L
I E S O L I G H T I I N G W F Z N Z K V
M G T B I T P U G S V L Z T E W B E M Y
A N O A V S C X T Y E A A I X X U W G S
T I D L Q O E U S N R J L U R I R Z N K
H L I W U P O Q E S O H F U Q O N I I R
N C S A E M I S S I O N S F R R C E T Q
R Y T R C O N S E R V A T I O N I T H P
E C U M G C M O U N T A I N S X P A G O
N E O I O Z K F I T T G A L Z S D M I W
E R E N R F G F N T O T U L L O P I L D
W H K G A G N I N R U B N A E L C L H V
A B Y H Q C M T S X L L X B G D W C U O
B N V T X R E N E W A B L E O N L J F W
G R R R I V E R S U B N A O L S C U L G
R V M A C B Y I N S I C P I P Y D U V K
S Z A E L W S D A R E N E W A B L Y L T
```

ANSWERS ON PAGE 109

VACATION SPOTS

Ocean swimming and relaxing on the beach or breaking a sweat while biking massive hills? Did your favorite vacation spot make this list?

```
U G I S M I A M I B E A C H I Q Q U T O S M
M L L A M L A N O I T A N E H T W M Y Y C X
E A Q O V S Z H C B G Y E L L O W S T O N E
L C P E L L I V H S A N G K T A V E K J D D
S I H Z T L X E Y U I Z A U I Q L A F T H I
V E C A W I G M G D S D O K U O O G B C P S
B R Q H I H J Y Q A R A I O H U Y F A F M N
V N C K I K A B T X N K N N L D Y E S C J E
A A C I C C K F J I I V O D S G B G C T S Y
U T T H P A A Q M B C S W R I Y Q C N F J L
O I K Y M L N G E S K K R H E E C R B Z G A
W O G A L B Y A O C O A R K B P G E Q M F N
K N G L N E C H A X B G A O X C A O W D O D
R A W Q M H K J C X P T U U Y O N R Z N S O
T L O W A T H P Z K S A B L E W W U I O M D
C P N S H B M Y X E N B E H F P E K U S O W
B A X R Q Y E H I A H B A S K S F N I Z J Q
N R J R C D I S N E Y W O R L D H H W Y T U
B K D L B X C G V G D I X Q E N Z O J R P U
K I M E G I M Y P N D L J X W L U T R F Z P
B F G R A N D C A N Y O N K B T M X F E T Q
N I A G A R A F A L L S Z R I C Y H O M S T
```

ANSWERS ON PAGE 109

WORD LIST

CHICAGO

DISNEY WORLD

DISNEYLAND

GLACIER NATIONAL PARK

GRAND CANYON

GULF SHORES

JACKSON HOLE

MIAMI BEACH

NASHVILLE

NEW YORK CITY

NIAGARA FALLS

PARIS

SAN DIEGO ZOO

SIESTA KEY BEACH

THE BLACK HILLS

THE NATIONAL MALL

WAIKIKI BEACH

YELLOWSTONE

SODA FLAVORS

WORD LIST

COCA-COLA

COCA-COLA CHERRY

SIERRA MIST

DIET COKE

DIET DR PEPPER

ORANGE CRUSH

FANTA ORANGE

FRESCA

GINGER ALE

MELLO YELLO

MOUNTAIN DEW

PEPSI

ROOT BEER

SPRITE

SQUIRT

CREAM SODA

SUN DROP

DIET PEPSI

DR PEPPER

Is it soda or is it pop? Find your favorite flavor plus more in the puzzle below.

```
R U W E D N I A T N U O M Q C S X E H J B K
E E J C Z J Z M L N T G C O L O L J F U O P
E W P L K L Q K M L E F E Z N A C L T C E T
B X L P J C M E F K W F U V R A F A F B D T
T J M T E P O R D N U S T E O D A I C E N Y
O T A K D P C Q I Z J K G R Z I A D Y O R A
O U J X D Z R E D V G N A S B A X A D R L X
R S Y X R T Q D B W I N N G O M T D E A K A
S Q T M P C E J T G G L Q F L T J H C L M K
Y S W E E R Q W K E O I M R P Z C F W M Y Z
I M P Q P E O W C Z I S R T T A F A F F Q U
C S P F P A A R M W U D D S L J R N X D C S
I S M C E M U H G G Q H Q O P E Q T D R X H
K N P T R S L O X A N U C U W W O A I L Y O
V A L U H O E B H B I A L O T D N O E Z R L
K B Y H O D P N S R C X F E E Y C R T B L F
E F X U Z A V X T O L S T K E H Q A C G X R
W L Q C X Q B J C M K C I H V Q X N O S K E
C D I E T P E P S I J O D Q D B L G K C L S
U G L D Z F M E L L O Y E L L O X E E R T C
T H Q J S I E R R A M I S T U Q R A D A U A
T T D O S P R I T E D I R E J Q F B A C L X
```

ANSWERS ON PAGE 110

MARVEL HEROES AND VILLAINS

Whether you're a hero or a villain, use your superpowers to find the characters lurking in this puzzle.

WORD LIST

BLACK WIDOW

CAPTAIN AMERICA

PROFESSOR X

DOCTOR DOOM

DOCTOR STRANGE

GALACTUS

IRON MAN

LOKI

HULK

NAMOR

WINTER SOLDIER

NICK FURY

SPIDER-MAN

STAR-LORD

THOR

VISION

WANDA MAXIMOFF

WOLVERINE

DEADPOOL

BLACK PANTHER

```
Z Z T G B F K U J X F W T V T B B T K W G N
J U M N V F D V M U H W X A I L Z V I H A X
G G S C A O H F V B Q B O R H S Z J O D A A
Z G P O F M R I R M W I W L O E I Z C Y P K
O S I L U I N M T E G N A R T S R O T C O D
S I D O S X H O I F P C E C A M S E N B C S
T I E K X A U C R V W R E K S O N E N U W L
A W R I S M L S E I O M G N U O R M F R H W
R P M N H A K C H V D W V V I D C Z G O D V
L V A X C D W A Y S I I S N L R F W W H R M
O Y N V X N V P B V W N S R O O E B Y T H P
R Z X J J A I T E W K T O E O T M V R G O R
D O I X B W L A I F C E V H P C P X L M D R
C C H Z I M N I D G A R B T D O M O X O X T
J P Z U L N I N Q R L S N N A D B F M J W O
X N R Z Y C C A P M B O L A E B Z S S X C O
W T M F B U K M S Z W L L P D M M U E X A O
O U S R G T F E L I I D P K I V T V N K G G
N Z L O O Y U R P K B I F C U C K Z D H G I
V T B M D T R I W S S E V A A U J V X K Q K
E G W A L R Y C L R A R J L X V E L F U M P
E X V N W V G A K N V T G B B E K O H Y W L
```

TOP OLYMPIC ATHLETES

WORD LIST

ALEX WALSH

ALLYSON FELIX

MICHAEL PHELPS

CAELEB DRESSEL

GABBY THOMAS

IAN THORPE

JENNY THOMPSON

KATIE LEDECKY

RYAN MURPHY

MICHAEL JOHNSON

MISSY FRANKLIN

MISTY MAY
-treanor

NATALIE COUGHLIN

RYAN LOCHTE

SHAWN JOHNSON

SIMONE BILES

NASTIA LIUKIN

SUNI LEE

USAIN BOLT

CARL LEWIS

CARLI LLOYD

It's time to go for the gold! Can you find these Olympic superstars?

```
N L M I C H A E L P H E L P S Z Z Q T W F T
D A R P C G G L Q I G O G P A J C R L S F O
R S T C A R L I L L O Y D X Q V H V O C W T
X E I A E C G S I M O N E B I L E S B Q R Z
G J V P L N E R T H S L A W X E L A N M Y T
Y B D X E I Z Y G G I V N O E X U N I U A W
J U L I B E E B P H K K H T T N V X A M N R
D L K L D Q H C B C L U H O K K T I S I M P
K I L E R V H V O V C C W S S E Z K U C U K
B A N F E X W L E U O J D A F B C K B H R N
M N D N S I V Q Q L G B V G Q T J T I A P O
J T Z O S J E N N Y T H O M P S O N M E H S
T H X S E Q Z A V W F W L S I X Y U I L Y N
A O Z Y L L Y I G P C W C I R G B A S J S H
N R C L K R O G G O I N Z S N Y G M T O U O
M P O L N L W H A T A H I U Q E M U Y H N J
J E A A U K A T I E L E D E C K Y Z M N I N
T P A C A R L L E W I S I S T P E I A S L W
N I K U I L A I T S A N E A K X K F Y O E A
N E Q W R B T H E W X K D Y C O R B A N E H
B S A M O H T Y B B A G J Z W Q B E F V I S
V Q M N N I L K N A R F Y S S I M W B A S Z
```

ANSWERS ON PAGE 110

AFRICAN SAFARI

Africa has some of the world's most amazing wildlife. Make your way through this puzzle and locate the plants and animals you would find there.

WORD LIST

GORILLA
CHEETAH
CHIMPANZEE
ELEPHANT
FEVER TREE
ZEBRA
SAUSAGE TREE
GAZELLE
GIRAFFE
HIPPOPOTAMUS
HYENA
IMPALA
JACKAL
LEOPARD
RHINOCEROS
UMBRELLA THORN
WHISTLING THORN
WILDEBEEST
BABOON
CAPE BUFFALO

```
E F F R J S V I K K G A Z E L L E E Z L R I
N H E N Y G S O R E C O N I H R R F A F B N
R B Y Z F W I L D E B E E S T M Y M M U E A
O U T T M M Q P E L B K S I H V O A B I R I
H J A A G D N I N A O M A L H B D A G D R T
T V J N E R R H H X L T Y E A X B B M U X W
A T H I P P O P O T A M U S H O D D V K O I
L G K M D R H D Q O F B T U O A L L I R O G
L G R D Q U T V M O F A N N V L X K D Y I Z
E E O W P D G P I A U E F F A R I G T N P J
R E T M L R N P L R B F C N H B B Y S A V
B R W P E Q I Z H B E R I J E O P A S C H A
M T S D L J L P P E P O S X Y Q L E K M C F
U E T R K M T F M Z A F P F H T W A L H W M
L G Q B R K S F V P C E Y N D R L P I E O I
M A X U G B I H R H J V D A B R V M X N Z P
J S Z Q K I H B E B O E R C B I P S H H B U
M U J L Q M W E K S Z R A F G A V E G O S D
W A A M O P T E W Q D T P G N D C R Q H U I
S S F R Z A P U S Q B R O Z T Z Y S R F U G
V K D A H L R Y N E F E E M Z H X D J P R M
E J F C S A D D W O T E L J C A Q V L B Y G
```

BACKYARD BARBECUE

WORD LIST

CHICKEN

WATERMELON

CHIPS

SALAD

COOKIES

FRIENDS

FRUIT SALAD

GRILL

CORN ON THE COB

HAMBURGER

HOT DOG

KETCHUP

LAWN GAMES

LEMONADE

MUSTARD

LAWN CHAIRS

PICKLES

POOL

STEAK

BUNS

CHEESE

Start up the grill and throw on some hot dogs. We are sizzling up your backyard barbecue favorites!

```
T Q E D K V L X P C K G P Y T W Y J A X W G
L O S L X U I A Q O B O D J Q I G U S Q I P
K B E E U F B S V L O Y E L C N M C H I P S
R I E M M O M W P S E L K C I P A M A N B U
O F H O N A G F F J R O S N R C A O M W K G
B Q C N D Z G N R S G S S R S W B U B R T L
N Q W A Z L J N Y A Q B L V O F S O O G F A
I U O D Z N J V W L J A T Q F T T H C M M W
B W G E I M N L F A M V Z P A R B D E A X N
K P S M S N U B H D L L B R I N I P H X D C
Z C C H I C K E N S S K D C O D L E T Q C H
P U H C T E K P G H A B J L G L Y K N W B A
H C K O Q V M N F J J N E I D H R N O D I I
O U L O D X I T R J W M V C H L H I N Q S R
T V C L R G H L U Z R S R A A Q Q A R M C S
D S X G I L N C I E X K Q S M T H B O A I L
O X T X F R O G T F F S V Z B S V S C O M N
G W S V M O G A S M Y J W J U L U T Z F U R
R R W Y K U W U A R D H P K R E Q E L N K J
H W O I U G E G L Z T U Z K G F I A F G O V
R R E I M V B M A W S X M S E L S K U S U I
E S K G C D T B D C S W M G R B F Y F F S D
```

ANSWERS ON PAGE 111

MARTIN LUTHER KING JR.

Dr. Martin Luther King Jr. worked tirelessly for racial equality, and he led the American civil rights movement from 1955 until 1968. On April 4, 1968, he was assassinated. He is remembered for his service, and his birthday is honored with a national holiday in the United States, among other countries, on the third Monday of every January.

WORD LIST

MARTIN LUTHER KING JR

I HAVE A DREAM

RACIAL EQUALITY

DAY OF SERVICE

CORETTA SCOTT KING

NONVIOLENCE

CIVIL RIGHTS

ATLANTA

GEORGIA

MONTGOMERY

ALABAMA

BUS BOYCOTT

JIM CROW

BIRMINGHAM

march on WASHINGTON

LINCOLN MEMORIAL

THE KING CENTER

```
K G R V Q J A B E Q F O B G S W T W G C
L E E Y T I L A U Q E L A I C A R I B M
R Q R O C G G T Q P B L J V O S T O E Q
L J O H R E T N E C G N I K E H T E C I
I E G P T G A A S G A L F Y K I J D I O
N C C N O D I L N M E C S Z C N N Y V B
C M G N I K T T O C S A T T E R O C R G
O I S S E K F A M W G E O R G I T Y E J
L C V T T L R X M A H G N I M R I B S V
N S H I N D O E T D E M E N T S V A F R
M M S F L O Y I H T J R D O I G G T O W
E O O S O R T Q V T O I D Y R M J N Y A
M W I N M V I G A N U C M A O G G A A S
O O Z M T T Q G N C O L Y C E I I L D H
R R N I Y G O U H I H N N O R V J A Q I
I C E N V H O B W T H N V I B O A A O N
A M A L A B A M A V S S V A T S N H P G
L I N C O L N M E M O R A A L R U R I T
M J T D P T F H I R I D Z W H G A B M O
D U K N Z M O N T G Y M E R Y A C M B A
```

BUGS, BUGS, BUGS!

WORD LIST

- APHID
- FISHFLIES
- BEETLE
- BUTTERFLY
- MANTIS
- CENTIPEDE
- CICADA
- DRAGONFLY
- EARWIG
- HORSE-FLY
- KATYDID
- LADYBUG
- WATERBUG
- MAYFLY
- CRICKET
- MOSQUITOES
- STINK BUG
- GRASSHOPPER
- TERMITE
- THRIPS
- COCKROACH

There are millions of insects in the world, and we sure need them: They pollinate crops, provide pest control, and help us create medicines!

```
V U D F I G I L S P H G K U S R K X J I N E
G L L H I R A V O P W C C C E E L T E E B Z
T N K F B D B E G V I E C K O O Z N P H V A
A T X Q Y Y U M S U N R U T T U T S Z R H Q
P Y S B M P L F I T I N H B I J H L G R Z Y
F D U Y H Y H N I U X E U T U E B L F J P I
C G M G J C L P S X M E S D Q X R O A Z C C
B Q G C Y F E F Z W G R A S S H O P P E R Y
D O B N R D U U N V G U J D O F P C L S U L
Y U H H E I Q V Z O P U B V M G O T U E V J
H N V L Q T C N G O G U B T I C F G M I C E
B A E U A V K K H T T A V K K H X D K L C O
R D A K H U U D E T T M R R N U X V F F P D
K A B S J P M D E T A V O D O I I N K H G M
A C O Z X M S R G Q E A R W I G T T X S K J
T I G S K G F U G B C P Y D U E Y S T I R D
Y C D Z V L B N E H T L Z U Y Q H R M F T M
D B Q Z Y R X L H Z F Z L J W A N L A A U L
I N R M E T J M U Y Q O N S N Q J E N U A G
D P D T J Y S M A L H O R S E F L Y T D L M
Y R A E C C F M F B H O L Z Y U G D I H P A
S W D Y L Z E C F T T E R M I T E K S U N G
```

ANSWERS ON PAGE 111

DOG BREEDS

Did you know Labrador retrievers and bulldogs are the most popular dog breeds? If you could choose, would you want a big dog or a small one?

WORD LIST

GREAT DANE

BOXER

CHIHUAHUA

CORGI

SAINT BERNARD

DALMATIAN

DOBERMAN

BORDER COLLIE

FRENCH BULLDOG

GERMAN SHEPHERD

GOLDEN RETRIEVER

GREYHOUND

HUSKY

LABRADOR RETRIEVER

PITBULL

POODLE

LABRADOODLE

PUG

ROTTWEILER

DACHSHUND

BOSTON TERRIER

```
O N B N E J W J X G E R H I A M G T Z W G D
I F P T P F L B G U A P Y V I G H G G G H V
L L U B T I P I W A D Q D O P N E R P U R G
U P M D L G Z G G T X T X P K R E E S P O H
S A M O A U H A U H I H C V M Y R K N L I Z
L W X B W V Q W S Y A N X A H O Y E D I Z D
A E X E D A L M A T I A N O T R N E O A D N
B G R R Y I O Y R I F S U T X A N V F Q T U
R O L M U H E P X D H N W J D R K Y U B H H
A D G A E O W S X E D E B T E N I V O L L S
D L L N A P M U P N I Z A T Z D S S I O H
O L K N Z F L H B L Z E R S K T T H I U S C
O U O F N B E I E Z R I M L K O P D D X I A
D B Y G W R G R B G E N M V N T X R Q E L D
L H X A D R N B W V O O D T C Q E N Y G Z T
E C R N O R E V E I R T E R R O D A R B A L
V N R C L W E R S K E R N M O C E J J P H Q
V E L C E I L L O C R E D R O B L T Y K T Z
I R L P D L H R D I S A I N T B E R N A R D
O F H B L R X X E O G R B B B A M S I U C Y
Z U Q B O X E R I K O R K N J S F O M N P D
B O U Z W C F F R C U P H K W U Y P Z Z M O
```

ROAD TRIP

WORD LIST

HAND SANITIZER

CAR COOLER

WATER BOTTLE

NAP

CHIPS

DVD player

FIRST-AID KIT

GAS STATION

LICORICE

MAPS

FLASHLIGHT

MINIVAN

BOOK

PHONE CHARGER

REST STOP

TRAIL MIX

STATES

SUITCASE

PILLOW

SUNGLASSES

SUV

BLANKET

Load up the car and let's go on a road trip! What is your go-to road trip snack?

```
N K N E E S F P D M G F H F D Z Q M E B Q V
B P R F R S U U O E A Z D I K J H N B O O K
N G E L E Z W N G W S R P C K D M D U O T Q
J Y B A G H Z N G S S H T W A N H A Q Q L C
D Y O S R Y W A S L T U D R Z R D X P L C W
P V J H A V T O T T A L L D A U C S W S S S
N S D L H R M T R P T S N I J I H O U E T J
G C Y I C S U B J U I I S I P Q L P O V A E
Y N P G E P B U E C O L I E N Q M M Q L T L
V O G H N L Q S H P N Y L V S Y R O I O E K
A F B T O Y S I L I P F B O D D J R P X S R
D L E D H P P A W A D Q P D W P C G S I I R
Z W X S P S Y U N B J O C W J S X R F W I B
Q K L W N E F R E Z I T I N A S D N A H A V
H H K J R C S K A R E S T S T O P H D C H N
R M I N I V A N I X D L O Q F R M S H K U U
T B Y Q D L C W X T E L T T O B R E T A W L
B H C S C F I R S T A I D K I T O I B X U T
S G E R R R E C I R O C I L W X I Z G W N O
Z N I O B L A N K E T T T E S J U O Q B D S
X M L G C J M X T N H W L I X Y X V X E F F
S U I T C A S E A Q Q O H S M O W O K E S U
```

ANSWERS ON PAGE 112

ALL THINGS TECHNOLOGY

If you were to create a new technology, what would it be?
Perhaps consider the vast possibilities while locating the existing
tech terminology in the puzzle below.

AIRPODS
COMPUTER
FACEBOOK
HASHTAG
HEADPHONES
INFLUENCER
FOLLOWERS
INSTAGRAM
INTERNET
PINTEREST
ANDROID
IPAD
IPHONE
LAPTOP
LIKES
MACBOOK
MOUSE
TIKTOK
ALEXA
TWITTER
VIRAL VIDEO
WEBCAM

```
Y T H F A K D P F O B F X B S O R Q H W S X
Y Q W Y U Y A A W U S W K O T K I T S M L D
T O H I Y N I C P L H W N U C Z N Y O J W N
G B X M T Y D H C I R H C Y K O B U A E U L
M Z P I N T E R N E T J W F R J S Q C N B W
G L I M U S E S E N O H P D A E H H Y O Q D
A T U O Y L T R C A J S U V I O T S J H U A
T A X E L A J I Y N M U B I J L D U M P G Z
H I M M G Y T F E I M L A I I O U V P I P F
S K X R I K C I W L S P L N P I R S E M Q V
A K A R O O J H B X B Z F R M K I S E A O S
H M F R H E S E A L Z L I X E R D I W A F C
X M O F G D I W U D U A T D O T L D P E A Z
H T L T K I I D R E V V J S X L H B V I C K
V T L C W V C A N J J C G Y E S C N P D E F
U I O C Q L Y C Z C J E O A P R O M S U B D
G G W L D A E K O O B C A M M E E W Z S O I
V G E L R R Z K L B D L A P T O P T U E O D
X B R F V I X C G T R W E B C A M N N K K A
F X S X F V V Q T I Q L M O O G P D X I S C
V F P Q R N S H O O S M N W D G M L W L P N
Q S M W T B A C K D I O R D N A Y Z C W A L
```

WORD LIST

APPLE CRISP

DANISH

BANANA SPLIT

BOSTON CREAM PIE

BROWNIE

CANNOLI

CHEESECAKE

SNICKERDOODLE

CHOCOLATE CHIP COOKIES

CHOCOLATE MOUSSE

CRÈME BRÛLÉE

TIRAMISU

CUPCAKE

APPLE PIE

FRUIT PIZZA

KEY LIME PIE

MOCHI

PEANUT BUTTER COOKIE

PUDDING

RED VELVET CAKE

SUNDAE

BAKLAVA

DESSERT

What's your pick: chocolate mousse or apple pie? Hidden below are some of the most popular and delicious dessert dishes from around the world.

```
E L G H C M O C H I P Y C Y N R L U W F K V
D A V H H B K Q P E G S X U S I M A R I T G
X W B C O M O J H F K J I C P A G A O V Q P
W M A R C D F S B O E A N R D C K O V X E Y
H C Z W O K A N T C R G C V C O A D R Q I P
U Q Z C L W C E B O V M L E G E Q K Y W K U
E E I E A B N H L E N V Y I S F L I E T O D
I I P E T S A I O D E C F E Y E H P G D O D
P P T S E Z G Q E C O L R V N F E N P X C I
E E I Q C X C C W T O O U E K G X H N A R N
L M U A H B H A S L T L D R A C R C C A E G
P I R T I X A N A Q F D A R B M A M J M T R
P L F T P A M N C K A O Q T E M P A A R T D
A Y W W C O C O A L F B V R E K A I U O U Y
Z E V R O Z Y L O N U O V L Q M C E E N B S
P K S Q O T W I E I A X B A U K O I R N T N
H N T R K E Y B J C Y S U V G X G U N C U J
N G S T I X V R V T J D P A Y M F R S S N D
R E D V E L V E T C A K E L F H P B B S A I
U T W T S C Z F W A B N F K I S B D P Q E T
G L U S U X E D A N I S H A N T I T J L P N
F E W E L D W S M D K K R B E A D N U S I K
```

ANSWERS ON PAGE 112

GROUNDHOG DAY

You've probably heard the question, "Did the groundhog see its shadow?" on February 2—Groundhog Day—throughout your life. The groundhog's shadow is an indication of an extended winter, while no shadow means spring is on the way.

WORD LIST

GROUNDHOG day

SHADOW

PUNXSUTAWNEY phil

PENNSYLVANIA

GOBBLER'S KNOB

GROUNDHOGESE

WHISTLE-PIG

WINTER

SPRING

HIBERNATION

BIRMINGHAM BILL

STATEN ISLAND CHUCK

DUNKIRK DAVE

CHUCKLES IX

JIMMY XI

```
S T Z Z Q P X I H N E U J J A Q Y W T A
T Q Z E N O I T A N R E B I H G H G Z P
A B J H P J C X G Z I Z I X Y M M I J E
T O D G O H D N U O R G W Q M V U S V N
E N O O P Z X F C G L A O N C V T T G N
N K I C T G I P E L T S I H W A U L Y S
I S S B J A R D E T N I W N T B V E E Y
S R X D I X X O J Q P D H E I L E P N L
I E I Z N R O U N V W A N F L J Z I W V
X L S V B D M D U N K I R K D A V E A A
A B E E G V B I V K S Y N Z E Z R G T N
M B L P G R T S N L X Q F T R M N I U I
N O K E J O E X A G G E Z N E B N X S A
L G C U P Z H N E G H Y U S N R A M X C
V G U B T Z D D C M E A E T J Z H I N G
E Y H V F C Z I N D Y A M V N R G K U O
K T C S H A D O W U C P E B L I K X P D
P Z D U N K I R K D O U K D I J R L R A
Z J C H M M K J G N I R P S C L P P V H
E K X M S N P O U U V E G I G I L Y S S
```

PROFESSIONAL
BASKETBALL TEAMS

WORD LIST

BUCKS

CELTICS

HEAT

HORNETS

JAZZ

KINGS

ROCKETS

KNICKS

LAKERS

WARRIORS

MAGIC

TIMBERWOLVES

MAVERICKS

NETS

BULLS

NUGGETS

PACERS

RAPTORS

SPURS

SUNS

THUNDER

WIZARDS

Did you know that when modern basketball started, players weren't allowed to dribble the ball and the "hoop" was a peach basket? We've come a long way. Show your skills below as you find the NBA teams in this next puzzle.

```
N N F W J C L R N O U R H O R N E T S R Z D
S L H Q D T A E H J L P S S O H H K C M W Z
U A Q D D P B H B Q J J A I C M J J N Y T J
T G M P T P E B J H L X Y I K F J H U F J P
K G G O M X T N O M F D G H E V E X G O F M
G Z R B S U O B S K F A B D T Y G K Q J E J
Q S S R U P S R D C M E O Z S U E G P D D S
R Z I Q D P E C R Z Z A J V V I O Q W L L D
K S H K X X V K O E E R Q M N G I X P N D R
E T R Z A X L E A X P N E T S Y B G A Y M A
T E V L T Y O Q W M L Z C P L D K O C P M Z
X G H X K D W A A L V S W N T T T M E U B I
Y G Y I D E R V U Y S K C U B W C P R A B W
U U X Z R R E K I N G S V X N I A R S V J Y
V N C M X R B W E E E Y R I P I L H P F G R
S P N I I X M G C Y Q R E D N U H T L N H P
S N R C Q Z I X U E C Q V H J G M C F K D S
S S K C E L T I C S G Q M N L K A B N I F N
L S M U K A A N D T U V N V O R K I M V D U
W M Y S V R F X R I F N B A B J C S X Z V S
K H W H U D R N Y Y B H J W Y K D F X Y Q X
A M D A Q G W S T X M B I C S L L U B I T B
```

80

ANSWERS ON PAGE 113

FASHION STYLES

Grunge, goth, Western, or punk: Do you have a favorite fashion style or era? Dive into this next puzzle to explore an array of style options.

WORD LIST

ARTSY
GRUNGE
BIKER
BOHEMIAN
CASUAL
CHIC
ELEGANT
VACATION
FLAPPER
GOTHIC
HIP-HOP
TOMBOY
MODEST
PREPPY
PUNK
ROCKER
SPORTY
TRENDY
VIBRANT
VINTAGE
WESTERN
PROFESSIONAL

```
Z O N I I A G J P Z L H O T E P A Z N W M N
H D P G U M Y F J X T U V I X Q V M U P B P
A G I H W F N Z B D E R R P G I Y F H Z N T
S E L H D R H D L I V C H A N Y S Q O R V N
Z X P P E U T D Y X V F M T W X G B S N T H
A A Y K F R W R U O Q H A P A A J G U O Y G
I M I K E T K C L H B G Z Z O L Y O W I L E
K B H N W J A L R N E M A J H Y B K K T A V
L D D U K C N A I M E H O B U V Y G W A N I
N Y P P Q P E V P W I R S T M N N E D C O F
E G N U R G B J F O C I H T O G B W B A I M
B R Y E K V I B R A N T K C D V Y V M V S T
C E P Z W O R S M P D R E D E T L W A N S N
T P A V X P N D N L M W S X S Q T A C P E A
Y P X V R D Z R W T W T P K T R W Y A Q F G
S A F B U W C U E Q R O Y S T R A M S H O E
F L Z H C I O Z O T X F S Y N L W O U C R L
R F O E I Z H C M V S U I Q G S L M A U P E
Q D V F D P V U H L L E X C M V B X L T Z F
Z L F L G I H O Q I L T W S I R O C K E R S
Z F U U Y H F O X F C D A V E M F F W A A W
Q H L A Y T R O P S V L G S M R F S Q L Y Z
```

STAR WARS

WORD LIST

BOBA FETT

DARTH MAUL

YODA

DARTH VADER

JANGO FETT

GENERAL GRIEVOUS

HAN SOLO

JABBA THE HUTT

SAW GERRERA

JAR JAR BINKS

KYLO REN

LANDO CALRISSIAN

LUKE SKYWALKER

WILHUFF TARKIN

OBI-WAN KENOBI

PADMÉ AMIDALA

PRINCESS LEIA

REVAN

REY

CHEWBACCA

SHEEV PALPATINE

May the force be with you! Did you know Chewbacca's voice is a mixture of badger, lion, seal, and walrus noises?

```
U E U W C G Z N O L O S N A H S G B F X X J
O C S E H D D W D U Y A A B O G A X I M F G
K O N O E F J G E K E E D T W C B W Y W A E
G H F N W S E Z P E D I O S T G R K U N I T
E R X I B N U U I S B A Y R E V D K X M E V
S V O N A E P P K K J H R N A S W A E T L K
K F M V C X A G S Y O A E T D D V W M Y S B
N K E Q C H D K J W M R B O H H W N O S S T
I R O A A P M Y B A A L D B X V R N J Q E V
B B X T I Z E L F L J F U W A F A A U L C Y
R O Z F J V A O G K I O B A U T N D K Q N K
A B A R P U M R T E Y Y D B M G H Q E T I M
J A H B K M I E F R Y U F N O H I E J R R F
R F A H M E D N Y F D Y C F W F T J H L P A
A E J W V B A B R E T D E N U U S R J U H S
J T E O Y R L K Z L B T U Y H C G Q A Q T X
F T U O P E A D S Z T G T C A S Y T K D X T
R S S N I K R A T F F U H L I W Q J N W D
O U A R E R R E G W A S O J B D U W B R F Q
M O S U S N A I S S I R L A C O D N A L W T
S I P I V L Z I B O N E K N A W I B O N L G
B L S H E E V P A L P A T I N E R M C R Y U
```

82

ANSWERS ON PAGE 113

AURORA BOREALIS

Between September and March, people in Iceland enjoy breathtaking views of the aurora borealis, which is also called the Northern Lights. There are many locations from which to see the beautiful natural phenomenon.

ANSWERS ON PAGE 113

WORD LIST

ICELAND

AURORAL STORM

MAGNETIC FIELD

SOLAR WIND

ARCTIC CIRCLE

winter SOLSTICE

DARKNESS

spring EQUINOX

LONG NIGHTS

REYKJAVIK

THINGVELLIR national park

BLUE LAGOON

SKÓGAR

HÖFN

CLEAR SKIES

```
R O F M U G X W Q V R D J N G D Y E Q A
I U O P I C E L A N T D N H T L C E R C
L C L E A R S K I V A J K I E R D C Q L
L Q E D Q P S X X A J L G T W N T E J W
E T F L R U C O V R U P N T R R D U G M
V V D E A F I T L C Q R M H C N A D E R
G P L I G N O N T T Z Y D C H K O L M O
N S D F O R D Y O I A X I R K O D P O T
I O I C K O A K S C C S O L A R W I N S
H L M I S T L S J C U E J O M M B I L L
T A B T I S Q E S I R B V N H X S O Q A
L R L E C L D I S R E B M G O C N T U R
I W U N E A C K E C M R N N F G H J E O
O I E G V R I S N L Q U I I N E D Y R R
V S L A G O O R K E H U X G Z K K I S U
H L A M L R R A R N Q B G H N J M D T A
N A G Y N U U E A E Y H M T A E Z Y X I
F J O G P A Y L D Q T L Y S O I V O D F
T S O L S T I C E S W K I V A J K Y E R
D T N P U E L H R A A K W J V N E F B C
```

ARTIFICIAL INTELLIGENCE

WORD LIST

AI AUTOPILOT

ROBO READERS

ALEXA

VOICE TO TEXT

E-PAYMENTS

FACE RECOGNITION

GOOGLE MAPS

NETFLIX

AUTOCORRECT

RIDE-SHARING APPS

ROOMBA

SEARCH RECOMMENDATIONS

SPAM FILTER

SELF-DRIVING CARS

SIRI

SMART ASSISTANTS

SOCIAL MEDIA

VIDEO GAMES

CHATBOTS

WAZE

Artificial intelligence (AI) is the ability of a computer program or a machine to think and learn. Have you used any of these in the puzzle below?

```
X F J A T V J X Z O W Y M Z V Z T X X K L J
Q B Q I O Q U E Q I M N R V X F C S L J D H
J S Q A N O K P M N M A U T O C O R R E C T
Q V B U Q G U W J S L P M X V O A B M O O R
D S N T Y X H O Q Q X P S F I C D R T H U T
P E D O P R I D E S H A R I N G A P P S G X
H M W P K E S Y X G X F U O R D R S O S G E
I A E I S M O T C W N F I M Q I Q P B O V T
W G L L T B S O N U W T E V G O C A W C L O
A O P O P W U R S A I N Q S F R B M L I W T
Z E A T B J I T E N T D G H T F H E C A Y E
E D J N I X N T G D C S S Z H P G L I L K C
D I D P V E N O X B A S I W W A R G F M M I
Q V R R M L C I H L T E P S R W N O U E T O
O X C Y Z E L L E O E W R A S X J O D D U V
V Z A F R F T X B L I B Q O M A N G O I I G
R P Z E T N A T N Z J L H S B F T L J A A T
E K C E T B A R O C U E H N M O I R Y L H U
V A N V B H A C U E Y D C L U C R L A X R N
F J J A C R Q X E I P X M I B X I Z T M S N
S N O I T A D N E M M O C E R H C R A E S Y
T L R X S E L F D R I V I N G C A R S B R H
```

84

ANSWERS ON PAGE 114

MOUNTAINOUS TERRAIN

Do you like heights? Get acquainted with some of the most stunning peaks in the world with this puzzle of mountains found around the world.

WORD LIST

WORD LIST

ALASKA RANGE
HIMALAYAS
ALBORZ
ANDES
APPALACHIAN
CASCADE RANGE
SIERRA NEVADA
CAUCASUS
DOLOMITES
WESTERN GHATS
GREAT SMOKY
HINDU KUSH
KARAKORAM
KUNLUN
PYRENEES
ROCKY MOUNTAINS
SWISS ALPS
CANADIAN ROCKIES
TETON RANGE
TIAN SHAN
ATLAS MOUNTAINS

```
S I K G R E A T S M O K Y K H S D C B B X K
P B D T T S M E E N E R Y P E G A A J Y R
F T A A O V L W T S G G W Z M T D U P Q T Q
N J O V X D D F J N L S R P G I L C P S E A
A U K A K N X S A N V Y O X L M G A A P T T
H K P T C N H R W P C L C T U O C S L L O Y
S W S F A H E S E V M P K Q P L L U A A N X
N Y D Q D D D J S O P J Y W Z O Q S C S R B
A D X J A C Z G T U G B M V R D M N H S A H
I U H C V I M D E F A P O F Y O M R I I N U
T H S K E U A T R V D Y U Q U A X B A W G G
T A U J N H R L N L O S N N L X B D N S E T
C K K J A C O R G Q I B T S E P B A D M N R
Z W U V R U K T H K U A A D C R R M H T J H
U Y D W R D A R A O I S I I O Y U A Z B S M
H J N Y E U R K T N K Z N H P S M V R Q Y Z
C K I F I M A F S A A K S R X Q Q S O N J N
B B H E S F K L R B H G E C A P B B B U X C
H I M A L A Y A S U E B P M L X Q X L L C J
X R N R G N N S E I K C O R N A I D A N A C
M I Y C H G W D D R B V A N D E S S K U Z P
O V Y C E U S E Y C Z E W A T T L Y Y K F Q
```

MAJOR LEAGUE BASEBALL TEAMS

"Take Me Out to the Ball Game" is one of the most popular songs associated with baseball, although neither of the song's two composers attended a game before writing it. Try to find the MLB teams hidden below.

```
R K K X T W W P H J H S R E G N A R M X I A
Y A N K E E S E B C C J K B V A K P N U D B
Q U S U P N H M Z W D J E L N J P Y S C G O
F S A Q L I X J L O S W Q G D P G L C L F B
U B N K E S E L O I R O E H K I A W A S U Q
P I Z J A G M T C Z U L X Q X Y X C B B L C
V O T S O B R A V E S A F O O B A L O X R L
P I Y X G X U G Y X V X S R R R U M Y B E U
W P R R H B I P I U Q E J A D E P P S G M H
T M G Q V F P S D D T M H I J A G E O I G W
H D S R E G D O D I A F N A T C I Y S H I O
N M I G I E P E H R V A Y T M L I H P F F C
A E B N R R N W I R L S B V L E K F X Z M E
T D P G O L K N J S O S N I W T Y S L H G H
I V F M Q N E R T W I L H Q V C T C I O D S
O I J D P R D T A T R P S T U S S I H T E P
N V P V S X W B F K Z Q N W O E R T Z X L Z
A Q R K U S N A I D R A U G I T L E N O V N
L W M L M Y Q E H C J K L L K A T L W A Z U
S I T A H U L Q Y I K H R S R R P H Z E I X
C Y G M E F P G I M U S A V X I C T C L R G
Q Q P T Q F D M Y W A F M T N P R A D U Z B
```

ANSWERS ON PAGE 114

WASHINGTON'S BIRTHDAY

George Washington, the first president of the United States, was born on February 22, 1732. On the third Monday of every February, people in the United States observe not only Washington's birthday but also the birthday of Abraham Lincoln, who was born on February 12, 1809, and was the 16th president. Many people call this holiday "Presidents' Day."

GEORGE WASHINGTON

ABRAHAM LINCOLN

LONG WEEKEND

FIRST president

sixteenth PRESIDENT

BIRTHDAY

REVOLUTIONARY war

CIVIL WAR

AMERICAN HISTORY

monday HOLIDAY act

FEBRUARY

public CELEBRATION

FEDERAL HOLIDAY

ACT OF CONGRESS

FAREWELL ADDRESS

```
X C G E Q F F F I R S E H G K M W C R I
K E A C T O F C O N G R E S S H T M E N
Y L C A C I V I L W E E N G I P J N V O
R E Y A D I L O H L A R E D E F N L O I
A B R A H A M L I N C O L N K O H G L T
U R A H D A R P W V R Q G C T W T B U A
R A N A N I M K R G Q B R G C S I M T R
B T O N C S L E E E C E N J M R J W I B
E E I I C T S O R A S I S Q T Z E O O E
F J T L I J O Y H I H I H H B E P H N L
I U U T V Z M F K S C C D I K T R O R E
R Q L D I K T D A Q F A S E F Y U L Z C
S R O Q L F Y W T Z Y O N K N C F I N L
I U V P W Z E G Q S G D U H E T A D E F
A R E T A G Q B X I S A L S I X K A D F
U W R S R B P V R H P E F I R S T T I H
E Y W O E A B W C U O M Z J Q S T O S I
D N E K E E W G N O L R B G M C S O E F
C G F A R E W E L L A D D R E S S Z R Y
E X I V K E T A D H T R R I B Y T W S Y
```

PIZZA TOPPINGS

WORD LIST

BASIL

TOMATOES

BEEF

SPINACH

BLACK OLIVES

CANADIAN BACON

CHICKEN

EXTRA CHEESE

SAUSAGE

GREEN OLIVES

PEPPERONI

GREEN PEPPERS

HAM

MUSHROOMS

ONIONS

PESTO

PINEAPPLE

PORK

SARDINES

BANANA PEPPERS

Americans eat about 350 slices of pizza per second! Did your favorite pizza toppings make the list?

```
L T K E E X D H D A B L R R F C P X N T I S
D O N W M Q H Z N F P I N E A P P L E E V N
S G T O D G R O B R P S E V I L O N E E R G
S F Y T C G H I Q P G L Z W F O F E H S Q K
B O R O V A P I B F J O I H J Y K P M E W V
P S D C B L B X A M F L I N O R E P P E P Y
H P O D L H I N N N P X T Z O G X Y T H C Q
Y I S W S M Z T A H Q J K P U A Y Z A C X X
C N S U J O Q X N I S N V P G I J G H A I H
H A B A V B B O A U D P L R L S U F C R D U
I C X S B D P D P Q F A E I P Z W V D T N S
C H V V Z F A I E M J E N P I F K U U X X M
K U Y T W R Z C P B N D P A Q X O T S E P O
E P Q E E A S N P P S H E U C V I T I Y O O
N G H K T P Y X E U B V J U I V D O H Q T R
S A U S A G E P R A E U V F O B Z M B U Z H
Y E O F U B P P Y S U R V M H E O T A G X J S
S L N T K E W I R Q W A D R U E B T N Q D U
T G I A R S L O X C E I U Z Q V B O D P U M
I R O S U Y R H E T R V H G Q U S E Y K X B
O C N P S E V I L O K C A L B X O S K P R N
D C S E N I D R A S M G M O A K E N C B F B
```

88

ANSWERS ON PAGE 115

CAMPING GEAR

Whether you're in a tent in your backyard or sleeping in the mountains, camping is one of the best ways to unplug and have fun with family and friends. Can you find all the supplies you need to take on your camping trip in the puzzle below?

WORD LIST

BUG SPRAY
CAMP CHAIR
PILLOW
COMPASS
CUPS
FIREWOOD
SUNSCREEN
FIRST-AID KIT
ROPE
SLEEPING BAG
FLASHLIGHT
FOOD
HEADLAMP
MAPS
MATCHES
PLATES
RAIN GEAR
SILVERWARE
TARPS
TENT
AIR MATRESS

```
Q L Z U W J D Q M A F P K O L Z O I Z M V K
N F D W F P O V T L O K H F S Y S L P Y X F
Y G F Y T W U N A N N T X T Q V L A A Q N Z
W I M T A R P S M U M I F E P X R R B X K L
N F B U U L H Q P L Q P O N D A P I G O M F
H B K W L L W M W P A B J T I S C A I O K P
W O L L I P A M M M I A C N G C B T U X Y Y
S P O G K L N J M R R P G U F G U O T M X S
W S H I D J E B S K M E B I N O U P X R J U
D T N A F G E G O V A S R I P C O H S A F I
E N E L I L R S O R T B P T U R A D R E O D
V H Z C R V C R C Q R E X J U I S A N M B L
T L E I S M S B O T E S S N K A K H A H U U
E F S V T Y N Z G L S C N G I H U P Z P W R
Z V N B A K U Q S C S D O A A C S D E J U O
B M G J I L S S E U Z S P M K P S H C W W H
Y I B U D C W H U V J J A Y P M H Y H B F U
J Z M Z K R U A A K K X B J T A Y R G X T P
T F I K I O G P L A T E S H Y C S S D N V M
I F Z G T P S D F M A T C H E S H S K M Z O
E R A W R E V L I S J S C L F X R Z I Y Q F
R B R Q X O K O D O O W E R I F Y O A R V C
```

THE PERIODIC TABLE

WORD LIST

CALCIUM
CARBON
SULFUR
CHLORINE
COPPER
MAGNESIUM
GOLD
HELIUM
HYDROGEN
IRON
LEAD
LITHIUM
MERCURY
NEON
PLATINUM
NICKEL
NITROGEN
ALUMINUM
OXYGEN
SILVER
SODIUM

There are 94 elements on the periodic table that happen in nature. The other ones are human-made. The periodic table is used in chemistry, physics, and other sciences. Have you heard of any of these elements?

```
B J K B E W A I X V M Y X N O A T O C J I F
U I D R P W I G V K R H P I S M X Q R O T V
L U A A E N G C I H C P C C T Y A X A I Y E
C E E A Q P A O L H W I S K G B U L J C K Q
J A L A R Y P D L W A W A E H O O I Z N Z A
H X R N Q Z U O B D J Y N L N C Z R N D I M
M H Q B N O R I C J Q K S E H P T T G O B Z
E R T X O I A O N E G O R T I N W B M V G L
R B A L N N H S V X H K W O I T X M U I E N
C A L E I W P V E H X K F Z T E U M R T B P
U M N E K R G N S K Y H A A U N L Y F G S G
R M U I C L A C F E C D M U I S E N G A M P
Y O L I K M I L I P R Z M C N V O V X B L Y
R H P I D F N T C E D K U O X O K Z E A H T
C J H S V O H H H B N L G Q G H N R T U M W
F Y Z H E P S U J I A O C U U E B I B U X Q
W C N N L S Y N H U U B K Y W W N B I I S D
S I L V E R J V M B J M P D I U F L X B W Z
Z F A U O R H T S B J Z X B M Z E A H H K J
K W E B P L F R P I N M H K U H S W U O F F
M P S U L F U R M I M R Y M U H M R A Y V C
O B C W R W S F G N Y T I Y F C Y N R Z A F
```

ANSWERS ON PAGE 115

BROADWAY SHOWS

New York's Broadway shows attract more than 13 million spectators a year. Broadway is New York City's largest street, but only four theatres are actually *on* Broadway. Here are some legendary Broadway musicals.

```
B E A X O Z Z U G N I K N O I L E H T K N Z
C O S K C O R F O L O O H C S T A C J C C G
H T H E P H A N T O M O F T H E O P E R A R
K N O T L I M A H P O E T T M R R W M Q D B
O U D V A B V S H F N W I C K E D W K L E S
A R F A Z S P E O A P B D T H N N V J A V C
L E O C X L V O M V H K X T Y T I G U K E C
A P O H Y B N V X S V A R R C E T W A D Z
D H R O K C Q P T X P F A G G B Y E W M K U
D S E R T S G S U R H H L R Y A S D V O F B
I U H U Q Z S I O T D M E P N M E P C H Z O
N L T S A L Z V I V Y A O D A I L C X A G O
V Z N L X G R W Y Z S A T R T P B N N L X G
G E O I O R E I G E I H Y Y Y N A S R K U A
U I R N J F B S T M E P X C I J R A W O B C
H X E E I G S A A B O F X R B B E V C F F I
S C L L M G N M E P C R Y A R P S R I A H H
D A D Z K N M A P P V Y D A L R I A F Y M C
J B D M I A S I O R V F J N Y N M V D N V D
W Y I E M T N B J V K O V N A L S S B G Z R
A E F J O S W I N D L Z Q Q G F E O C A Z S
U J Y L L O D O L L E H F N H T L V D I C T
```

WORD LIST

BEAUTY AND THE BEAST

CATS

OKLAHOMA!

CHICAGO

FIDDLER ON THE ROOF

GREASE

HAIRSPRAY

A CHORUS LINE

WICKED

HAMILTON

HELLO, DOLLY!

LES MISÉRABLES

MAMMA MIA!

MARY POPPINS

ALADDIN

MY FAIR LADY

RENT

SCHOOL OF ROCK

ANNIE

THE LION KING

THE PHANTOM OF THE OPERA

MAJOR LEAGUE SOCCER TEAMS

WORD LIST

- ATLANTA UNITED
- CF MONTRÉAL
- CHICAGO FIRE
- REAL SALT LAKE
- COLORADO RAPIDS
- COLUMBUS CREW
- FC CINCINNATI
- HOUSTON DYNAMO
- INTER MIAMI
- LA GALAXY
- VANCOUVER WHITECAPS
- LOS ANGELES FC
- MINNESOTA UNITED
- NASHVILLE SC
- NEW YORK RED BULLS
- ORLANDO CITY SC
- PHILADELPHIA UNION
- PORTLAND TIMBERS
- SAN JOSE EARTHQUAKES
- SEATTLE SOUNDERS
- SPORTING KANSAS CITY

There are 27 teams in Major League Soccer. The league, which features teams from the United States and Canada, was founded in 1993.

```
B W T I S A W S C F L A E R T N O M F C B U
S V A N C O U V E R W H I T E C A P S E T S
L A G A L A X Y A P V E G Y I Q M B X S D H
V X Z S D I P A R O D A R O L O C J H L W O
M O P H I L A D E L P H I A U N I O N L U U
I L K C M W Z B Y T J T Z M T B K A Q U E S
N C C S E L L I V H S A N O U M X T Q B O T
N H W B M Y K O P B X K X Z C L T K Y D N O
E I Z S W D D E K A L T L A S L A E R E P N
S P X F C F S E L E G N A S O L Z E U R X D
O U U K B D E T I N U A T N A L T A M K V Y
T K A S R E D N U O S E L T T A E S F R Z N
A J F C C I N C I N N A T I S V D Z S O F A
U G T L Z U W E R C S U B M U L O C Q Y Q M
N K N I N T E R M I A M I A M O C O C W Z O
I M S N O C V F V W A M U A I L O E H E W S
T Y A C S E K A U Q H T R A E E S O J N A S
E Q J F C O R L A N D O C I T Y S C I U M A
D F J H N O O G N C N G C J V E M S R S M F
O S S P O R T I N G K A N S A S C I T Y L I
K G E R I F O G A C I H C F C A Y S U Q N I
P O R T L A N D T I M B E R S R E G D A W V
```

MUSICAL INSTRUMENTS

WORD LIST

CLARINET

ELECTRIC KEYBOARD

FLUTE

SAXOPHONE

FRENCH HORN

GUITAR

HARMONICA

BANJO

HARP

MANDOLIN

XYLOPHONE

BASSOON

OBOE

PIANO

TAMBOURINE

TROMBONE

UKULELE

TRUMPET

TUBA

VIOLA

VIOLIN

DOUBLE BASS

There are five instrument categories: strings, woodwind, brass, keyboards, and percussion. Let's see if you can locate the instruments featured below.

```
E E N F W G F T A M B O U R I N E Q O H Q T
K H K F A C I N O M R A H Q A D G A L O I V
A W X L S F L S T Y B Z N G Z T K A K U K I
U T A U E T A U O U I T T X T O I B B W Z V
M R Z C G D L U T B U R A A C D I U D G V J
R U A L V C O L L A O M U G L R N G G W P I
V M E X H E X U S M A E T C A A R D O W S X
M P I N F T J B B B A A R B R O O A S N R F
B E J W O W J O B L A T S V I B H L P C Q M
A T Z P U H N S W J E K H U N Y H G I A I A
S W D U I E P K W Y O B C F E E C P A Z R N
S T Y P P E N O H P O X A S T K N H N T Z D
O G F O Z T G Y L C O U J S G C E B O N J O
O A W E U U M C R Y P N O H S I R N X H T L
N P E Y A L P X X N X Y O W K R F K D T E I
B K T L U F R N H T J A L X L T G D X V D N
N F W Q E V J G A D Z O C R T C P V X C I F
C Y L Q B L B N R J W J G D N E V F F L V V
D N N N L U U K P H D N F R G L F S O S T X
A U M Q D T X K V A L A Z U E E K I B Y K I
D P E S T U Z R U Q V B R S G K V V D P K W
R Z G T F J C N N G J F N T Q Y Q M K Y C C
```

ANSWERS

PAGE 2

```
J M Q W M S E J D C D V P J H
C H S G M U T N E R V O U S P
K A U E J F R U S T R A T E D
O P R S D V B Y D F K E G M B
Z P P A W N J U N M W A P B K
C Y R D Y F O X N N D N D A U
M O I H Q R Y F D Z I G O R C
Y H S Q P V B I D H M R E R J
J C E Z B O C N C E P Y E A F
Y X D C O N F U S E A D X S V
Q R C O N F U S E D T F F S B
X V G D I S A P P O I N T E D
K S C N I Y S H R K E K A D K
G S C A R E D F M A N O R Y E
K E X C I T E D U M T D W D C
```

PAGE 3

```
I K M R U H B D O L P H I N S
T N Q A V S V E N J Z N S Z P
N I J A R A V E N S E M O J C
U T S E A G L E S G S T Z A I
M Y V E D P F C S B A Z S G Z
C M T Y A H Y T I R G L X U U
P O Q O A H L X N O H I S A J
P J W T J O A F E W Z F P R T
E A T B C L N W T N Y Q A S F
G H N Z O G X G K S Y M C F A
B R C T F Y A O U S Q V K T L
K B N Z H G S V W E K N E Y C
N K Z R U E L I O N S F R Y O
L B F L G N R I X Q C N S B N
P L N N D W R S Z B E A R S S
```

PAGE 4

```
P Z M P O M P A D P O N Y A
R O C G I M H V F I B O P L
F D N E O G F B W R B L P D
F R M C D R E A D L O C K S
L E O R H B G L D Q B F M I
A A H E F E U D A K O R O P
T D A W L E C Z F A D E H O
O L W C A H A M Z R M N A M
P U K U T I E C R E W C W P
P E B T T V T O N J L H B A
O K E B O E Y M U L L E T D
E K K U P I G T A I L S E O
W F P Z L T F G G N E J M U
Z H V S G K J D C H T L M R
```

PAGE 5

```
S # J K # # V H # C S O # G
E C R R S # # J P E U U W #
# L U E U Y C G H Z M S E N
H T F E M O Z # O D M # E O
V B B I M O M C T A E L K F
# C U T E # O A O D L O # I
G O Y # R G C T O # # S R L
# H A P P Y S A F S M # E T
Z Y W Z P # U I T E # O P E
Y K O # V N M F H L G S O R
# D # L O L M E E F I E S D
A E D O O G E # D I A F T J
L T T V B Q R K A E L L E F
# W E E K E N D Y S # C R N
```

ANSWERS

PAGE 6

```
M B T J C U W L E O A X E U
L M U M O V E E R S T U D D
G V C K N K J L U N C H W R
X I P O V T E F W A L K A O
S D S K N S N A C K N C L P
Q E M O R V P A R K D W L P
Y O U P S T E X M O V W B E
N G K H A P E R L A U G H D
C A R A T R Y X S S L N S O
D M O V I E S N M A T L D F
N E U T O V T T E X T U H F
V I D E O G A M E S M I D U
E D P R O J E C T E A M O Y
R O I H O I L U N C O P M N
```

PAGE 7

```
C T M L W W P V G B J V Y E
S V B F A H A T F C E U A I
T T S A T O P T W S W A R W
I W C B E T E B E T E S D M
C C R R R G R E O E L B S S
K L A I C L M A N N R S C E
E A P C O U A D P C Y T I P
F A B R L E C H C I G I S G
F P O P O G H L R L L C S L
E O O O R U E E A S I K O I
L M K M S N A Y G Y T E R T
T P I P E C L E A N E R S T
R O N O S C I S S R R S G E
C A G M A T N R B Z N H W R
```

PAGE 8

```
U C L E E W J M F J J W O T
T H E A C M A C A R O N I T
Y E K R S H G F U E R E A Y
M E P T E A O J F P H V C N
X S U I F A G C Y L C Y U U
L E D J Z Y L C O A E A P G
A B D V W Z L R A L D S C G
S U I U L B A C O N A R A E
A R N I C E C R E A M T K T
G G S T R A W B E R R I E S
N E P O T A T O C H I P S S
A R Y H P U D D I N G Q M R
K P E A N U T B U T T E R F
P H E U U M A C A R O N E A
```

PAGE 9

```
A W A S A B E C S X M R E J
L V W O D H X S S E S W Y E
V A O Y R E D S N A P P E R
W L C C L T F O R N I L L G
A V O C A D O L C U C U L I
S O Y S A U C E S A L M O N
A A N S P I C Y T U N A W G
B T M C R A B S T I C K T E
I R E C A L I F O R N I A K
Z P R M C U C U M B M R I P
J R X I P T M X R I R P L E
V L C U C U M B E R P C U U
J G I N G E R S E A W E E D
O H B F U C R A B S T I C Q
```

ANSWERS

PAGE 10

```
E H L J B L A C K H O L E C
L X M I L K Y W A Y C A X O
I N P O G I U S J B O A P N
G O E L O H F S T A R S L S
H R P B O N T A M B E T O T
T U V L U R N S T A R E R E
S S L I A L A S P S C R A L
P T F K T N A T I E M O T L
E A O C O M E T I S E I I A
E G A L A X Y T U O Y D O T
C O M E M O O N S F N S I I
S O L A R S Y S T E M L U O
T H R R U N I V E R S E M N
P G R A V I T Y F Z G U J P
```

PAGE 11

```
G B R E C Y C L I N G D R I V E G
N E H C T I K P U O S E E S E D R
G A X Q K K B N P Q S V S W M U E
N R G O K C F W L I U O T E O F E
C K E Q M A O N A K B E A C H O T
K C I E S E O R N J F N U E T O I
A A Y N T K D I T V I N W X S D N
P P E L D N R N T M W I V T E D G
K K N Q U N I R A A I P K R R R C
C C Q F A V O L N T F L R A O I A
A A A B L N S T U O M A D C O V R
B B F P K H E H E H N N J H G E D
H L N I E D S E E R T T N A L P C
Y G K L T O L S V R Z T Y N I X U
M Q T O T I B Y F O Z R Q G V Z Y
U E Y W M E A L D E L I V E R Y Y
R S O U P E G A K C A P E R A C W
```

PAGE 12

```
I D B B P O T T E R G Y B K Z T L
T F S L H E K I B A G N I D I R W
G V M P O T T E R Y H N N I K A B
N S M K T G N I K O O B P A R C S
I E Z A O E G A X R A G G B F N J
T M D R G N I T I R W N X S L M S
C A C R R I P C U U I I R L N S W
E G K W A T C N I D P K O N B K N
L O K R P G V T H R A C A K C X
L E H F H N A A R E T B R L E I A
O D W I Y C O W O I B I C R O R R
C I V X K B E D O T C K O U O T T
K V T M E I M O O R V K L O F U F
C I I T V X N A H P G T S K H I R
O M A L S U S G F H M Q E R N G S
R K E R E T T O P R U A C A B A T
S Y R O C K A Y A K I N G P Q M Z
```

PAGE 13

```
D O U B L E D A R E Y J G H S K Y
A B S U R V I V E R W C R G K N T
Q M Y V V V F E E I O B L O D I R
K V A V B Y H U N A R G A T B L A
E A Y Z O M A A U N L R M T S T P
E R J A I I J S T O D E A A U S O
P P E I U N C E R I O D Z L R E E
I B O G I A G E O L F A I E V K J
T C P N N F H R F L D R N N T H A
S N A Q F I I L F I A G G T V E A
P G R H P Y S R O M N H R V O W Z
O X D L F S Y D L E C T A X R O I
T R Y R A K Y N E Z E F C M Q Q N
L B R Q Y T P L E K F I E U F G G
E R M Z I Y T F H G S F K O F M R
S L R F E R N O W D P A Q T K L A
S C A S H C A B G V L T M V D Y C
```

ANSWERS

PAGE 14

```
S A N N A K E N D R I C K P G N I
I C F S G O I M B C F B T A R L S
D W A Y N X M B A H E I D U J C P
A D W R F F Y O B A J O I L O H R
U D K K L Y Y J M D T Z E R Y R A
L A W E J E O I Q W L L G U D I T
R I A D N N T L X I D U O D O S T
Y S F N H Y R T N C A P L D R P R
B Y I E V Y A L F K I I U O X R D
R R N K N N V W O S S T P C F A O
A I A A P Z E N D A Y A E H B T C
D D F N T F E K E V I N H A R T Y
L L A N U L O G E I D Y U M A O O
E E P A C Q X C Q R A O E V D P V
Y Y S Z Z A K U N E B N J I L E C
X L U P I T A Y O N G G W N E F Y
J K J J D R X Z C S Y O J Z E V Q
```

PAGE 15

```
T J E N G A R G P G S G Q E Y U L
S W U Y Z B A T T L U S H Y P G Z
E Y I T P S O R R Y Q N M P K U D
T W V S R L C B L Y A O O L C Y B
T U X X T I O R N L N P J O A L H
L W J D W E V D A O E Z Y H N O P
E Q A C I V R I P R R Z T V D P B
R X P G S R E O A J L Z A S Y O I
S D O P T S E T T L E R S R L N V
O Q V D E V I H S E P C K F A O Z
F G N I D O L P X E V U T J E M D
C T C O N N E C T F O U R B M P I
A T W C F Z S B A T T L E S H I P
T Q A I A F E L B B A R C S U B T
A C H J S C H E C K E R S U L I N
N E C K E T S H Z W O K A M I W T
C M U C J D N A L Y D N A C L U E
```

PAGE 16

```
N R T I E O H O J F E O P T N A R
E U S L H T N A R A M A E I A M I
I B L T A V I C H A R T R E U S E
L R V H D S V H F Q P L R T S C A
A F I I B S M Z C E P Y Y K T O Y
R W R S W G A A R A L H W W R Q J
T B I T I O I R R M L F T X A U C
S B D L K N Y N C A I A N A L E V
U Q I E E W O L G O G K M J I L L
A S A T I S Q P R E L D A R A I E
S D N N S U U T E I R I I D M C T
J O K I P Y Z W V R Y L N N O O S
F L P U X Z D J J V E E I E E T I
E A G L A U C O U S I P Z N P U H
L L F H P C L A B R A D O R E W T
B G V L B M Q W Q I X D N N L B D
J Z Y G L Q I P B M Q Z G V I F K
```

PAGE 17

```
P L J P F F R E N C H F R I E S C
C O C A C O L D P O P C O R N S H
H G U O R H T E V I R D U C S I A
R S U P E R S I Z E Z T F O K F L
E W F O G N A K Z W K P L C C E O
W H O P P E R J G I K P O A I E O
E O J C H D Z Y K C W M M C T S P
K P B O R A Z Z I G B C R O S T A
K P B I P N K B L O F V N L D U B
R E F N G N G U M L V I Y A A N L
B B E G F M U E U W O A G T E O I
W K A Y K M A R H N P N H I R D Z
O V M C Z L R C R U E I F Z B Q Z
E B Y Y O Y R I L D Z I G Z E O A
F K Q C R N N A B A C O N A T O R
T D O N U G H H P F B K Y R P N D
T A C O S C D M B O C F O S B M E
```

97

ANSWERS

PAGE 18

```
Y U G X A M O O R H T A B L Y W U
Y N G Y Y V L E B A T H R O O N A
O T Z Q G I T J U N K D R A W E R
U W H K M U F Y E N J F R M M Z K
R O C K P Y W A S H I N G P A N H
B L U M J G L F U D T O A S T E R
E G O H Y K I T C K E N A Y E H F
D C C M B G C L S Y T Q O N A C I
F I N I S H E D B A S E M E N T S
P Z D B F W Y M O O R G N I V I L
Z A W R K C E D R U O Y A F V K K
L D N B I B E D R O O M S V N J Q
V Z P T K V S E V L E H S K O O B
M E C G R X E K N U G M Q T Z R V
W B U B V Y C W G D R A Y K C A B
W A S H I N G M A C H I N E T X M
V H K C U O C H W Y O U R D E S K
```

PAGE 19

```
U E O A S I S P B W N R O S X S P
P C B U M I N E R A L S X P Q C F
G E M S T O N E S A R T H U L I E
W P E E S E N O V S M E A D I E Y
M L A M T U I A J Y H R M T M N H
C P R Y R A T N E M I D E S E C B
D I T P G Z L P F O S S I L S E M
I W H W Q O L S E T I R O E T E M
A V S P R V L S E D I M E N O A R
M H C L R S U O E N G I B A N Q C
O T I I A O G G E P I I L V U T R
N Q E J Q C M Y R G W S A A B W Y
D V N J B B B A E A E E R M V T S
I S C H G F I E T P N T E P O U T
K U E D Q D Q Q L E Z I V L Z N A
L I M E S T O N E S M J T H Y H L
X H E A R T H S C I E N C E F L S
```

PAGE 20

```
L A B O R A T O R Y Y V E O X J B
L E L B A T C I D O I R E P W I N
M M U M F L A S K M O J Z T O G O
Y J V A A R T I M X W M H L B T I
S L A G T G N S D O Y G O Z A G T
X T G N H O E E H G I G P E H E A
O W K E S F M H F S Y J S X M H C
A K C T C M E T D T I E G P T A I
A X J I H H R O M R T Y E E E H I
N H T C E I U P E E D R H R S P I
Z P W F M K S Y Y T A I A I T F S
U J Y I I J A H P T T Y J M T F S
J L V E S Z E T U A V E N E U X A
C M K L T I M R U M N J Y N B W L
B Z X D R T E N O J M H O T E Z C
D G O D Y V T E L E M E N T S R M
L E M E N T S R R E L U C E L O M
```

PAGE 21

```
R V P O S T O F F I C Y Z P D K B
M M R L Y U D V Z T M R N J J K A
M L Z I A G J T G I F T S H O P S
A E I C F Y P O H S R E B R A B D
I R H B I T G O D H R U Q R U B V
N O S W R T Q R S Y S G T N W I G
S T T X E A Y L O T K M U E X N Z
T S L G H X R H O U E R E L Q R R
R Y I K O L M P A N N T A H H E N
E R B D U W A C T L F D S P S S O
E E R B S A O S D G L G F Z L T W
T C A F E T E L A H Y T I C H A T
B O R T R A I N S T A T I O N U K
F R Y E C I F F O T S O P N R R S
E G Y T N E M T R A P E D E C A L
C H O V B U S S T O R E U J E N X
P O L I C E D E P A R T M E N T U
```

ANSWERS

PAGE 22

```
Z G V X E L A H W A G U L E B M P
F B L U E M A R L I N L E B S A B
S H A R K S E V O R G N A M S R W
K H R R R Z Z T D V B I S I H I E
A S T J C A X Z N P Z I V V A N T
C Y H U D E H C V I N U O W R E S
R E R C I W O V U A Z T C F K O E
U D O R U E E H G T M S D T D T R
S A P U Q B L R S G T P K O R T O
T E O S S V O T J E M L I V V E F
A H D T E O R D R N S O E R P R P
C R V A R R Y W Q U C R L F E T L
I E C C I G B T B T T C O L I S E
A M I E P N E L K Q K A I H U S K
N M H A M A P V N R E I E N W S H
A A A N A M K D I Q J W T S B L K
G H R C V J D Y A N E M O N E M A
```

PAGE 23

```
T U R K E N D F C C O L O S S U C
R Q W K A B A B Y L O N C M T E O
R A I R D N A X E L A S T O I L L
H G H T H O U S E H M A U S O L O
O D A H A N G I N G G A R D E N S
D F I O I R A Q U I J Y F C U N S
E F P M T C T W E C E E R G N N U
S G M K A H D E K C J K T C P G S
D O Y U K R R A M A X R R P Y O L
E K L P L Y Y M I I W U M P R N B
S B O K T E M P L E S T T H C S X
P Y T V L I G H T H O U S E F V O
U W A Q Q X I C H A Q B A D E E D
L K S Q M A U S O L E U M Z Q L D
T L U S B T Z K Z G G R V Y I F Z
J T E S T E M P L Y K P G E I G I
V D Z C S N Z M A I R D N A X E L
```

PAGE 24

```
H J W M T B J A R T H I S T O R Y
I G N I T N U O C C A M J Y J G B
I W S S Y E V N J C S K H F O F R
O E C O N O M I U I I K O L U B O
X I L R M O R R L R P S O P R E A
H R T C W L I A S R S H U D N O D
Z O Y N M M N T N M C I C M A S C
E S T B O R A R A Y U Y N J L Z A
V L S I U I L O S C E O K G I Y S
I D Z O B X T P V O I C S U S L T
T I J L C B K A F J C N N O T R I
A I F O A I H E C V F I U A C E N
E H Q G Z H A W Z U C L A M N I G
R C K Y W K P W I B D C M L M I A
C O M P U T E R S C I E N C E O F
H M A R K E T I N G G M I K L O C
Y A L E S J S C I M O N O C E L W
```

PAGE 25

```
D U X P P Z R B A H C A R I R S H
C W W T P E A N U T B U T T E R A
K D W V B W P V W G S A O Z M S Z
L P I B Q P A P C H O C O L A T E
G C O C O N U T E L L Q H L B H L
M S U Z I L C D L R T T T A U J N
R I N L I L I M E H M E U S B H U
L R L M O O N W M H D I N A B G T
J A L A P E N O A A C R N L L U E
V C A R S Z A B R E A N L T E O Y
G H Z I F V M E A T R I A E G D S
K A H S A H O S C N A Y J R U E O
I I K N V Q N D D E M W X C M I H
I N I H H O H Z E E E R M A E K X
N L U O M J O V T R L E M O N O O
L W B X I C M X L G L U W H D O O
Q M L E M A R A C D E T L A S C B
```

ANSWERS

PAGE 26

```
M F G N I D D O M U L O A G Y S K
K X S C G N I C N E U Q E S D W X
C O M P U T E R S C I E N C E R H
O K B O M F Q G O D J B X A G B R
M U S C I T O B O R F R J L A J T
M Z S I D G W W I T X D V G U T I
A T D N S N R E T T A P N O G S N
N H Y A O S N Y B J X I I R N Q J
J G R A T I C Q U D M I F I A D M
T D N T W A T R P M E X B T L W S
R H O E N U U C A X X S A H U P R
J G H R V P B R U T W B I I O A O
M H T I R O G L A R C O L G N G B
C G Y V E O R L D G T H Q A N V O
X M P H R C H J A V A S C R I P T
F V X P P G G S P X B C N C I Z I
W A A D N A M M O C X T N I E U C
```

PAGE 27

```
T N E M H S I R U O N S F R V I P
S N O J S Q S E I R R E B V M R E
F O W U P T D G K Y V T O W P M W
A L H D R D N X Y I Q A F G R S L
R F O O D I P E T I O R G E O N E
M H L N M A S A D Q M D W T T P A
E A E O R E M H V I E Y Z A E E F
R V G I V I M U M O X H P B E D Y
S E R T N P N A N E N O C L N U G
M G A A I V F Z D Q N B I E A W R
A E I R E C I L S E E R F T J T E
R T N E T A M O D E R A T E N N E
K A S D O Z S U A J T C A U U A N
E B G O R E A D I N G L A B E L S
T L R M P D Q G F Y J G E U A P I
K E A S P U O R G D O O F R U I T
I S I D J Q W J A C K H F Y G Y R
```

PAGE 28

```
S I Y S X K O F E T U O G V S H I
U M R R V D N M X U K V N K Z L H
H R A D N E L A C U T I L Q C G N
L Z C R L Y I T Y D L X U V A S C
B T M R T C N S T E A C H E R P L
P O D V M B E P O A C Q D Z M R O
A K O A C I C I G J B R I V U C C
Z D P K L Y L I M K A L E K L L K
F S E P C R A E Z O D T E V C O O
T D P S Z A S L B O J E A T O C O
U U W A K U S T O B S X E P M T B
S P D L R H R E K E V T B G P K T
U T J E S A O U Y T G B W E U T X
W P O L M Y O W X O J O Q I T P E
E I D S L R M S V N Z O F V E E T
A G L Q S R O S S I C S C N R C Z
B A C K P A C K S H K K S S S U U
```

PAGE 29

```
C N E S A B O G N O C L M A K I A
Y G X Q U J F V Q O A K D L Q E J
W Y U Q U N D E R S T O R Y N C N
E M P E R A T E A T Y E R I R O U
Q O P U E R T O R I C O U H I N Q
U L R A J H Y O C T R G Z T H G Y
A X R M H P O U R B W Z A X Y O N
Z M Y A T L F P X E K T B Y L B O
O M F Z F E J P N B S X Z A C A I
W T O O C R C C P E A Z A D I S H
R R I N Q N A O R A C I R A T I O
U O M K S N W O S E M E R G E N T
O P Q D O O F L G Y H L V J M T O
L I G P Q E O E I D S X J S S N O
F C Y V D B O N A U S T R A L I A
B A S X T E M P E R A T E Z T E N
L L A C I R A T S O C H O M P E U
```

100

ANSWERS

PAGE 30

```
A G G F A L B H C A H B L O T K H
E D N M E M O H E E E W S P D G F
M H I I E Y O U F X K D J E K C R
I X C X K C J R Y S A U S T O S C
X O I E O A O Z C K C S K A F G D
E Z C L K S O R C A E H L K R G R
R B A U T P E X T R P L S E H E H
P T G I B C B L T J I B C O D J E
E P N R O C U R K N P I E V G X D
U G I G Q U Z H A N P R E U V J A
X E T C I P S V D E I L P M K Y M
Z U S X F C I Y L Z V R P I W W E
R E C T T A U L T E H E P Q G S M
Z K R S R K G I T R E C Z S U W O
A B U T T E R C R E A M K D D E H
J U C P A R T S W R A P P E R E E
Y P T M W D W S E I Q G M E T T Y
```

PAGE 31

```
A E Q S T K U J G F Q D N E I R F
W O M T S W U R S O Q R S H N U Q
Y P M A A J V Y T O O K W F L M A
A J E R G M Y O X J K D D I U U X
Q Z D H H A X V E W M M B M W B L
O I I R T S Y N C A X I C O I R I
E A T D A O T A O L X T Z C O B S
N Y A P E M E V L Z A H R H D K T
I W T Y R E G U O P U N I C G Y E
L U I P B O U N R G I P R N E F N
O G O J P N R F O E M L Z U V X T
P S N U E E B C O I E A A G O Y O
M Q C H E A T R K P D Y C M B J M
A V I J D D E D U E I A Y O G I U
R Y H N P I Q X N N T G B T P A S
T A K E A N A P H F A A U M V W I
Z M O T K Y R B O G T M S O W V C
```

PAGE 33

```
G O Y T S U R A T G R I L L I N G H L D
M U C H B T Q D O O H R E H T A F E K L
W B D I H J E I T K C E N O S H U F J A
U N A R N Z Y P M V J J G H D C P H D T
A A D D P C A A D A S E V F E E U D D N
Z A B S Y V I Y X G T D O B N N N N S E
I W T U G V Y P A H D X R Q M I I B G M
M S N N Q G G A E B Q A Y L Y F B U Z I
U V E D M P U R U L B B G D A E A R I T
O P M A L I G R A N D F A T H E R G P N
B R I Y F E G E I N R D H M W H B E I E
B W T D T E G N T I D E N V C J E R D S
N X N Q R A V T A S R F Q P A J C T O E
W N E S G R Q S T S D L A V M Z H P Q S
N U S T E P D A D K K L C T X S K F O Q
V Z H H M A C A E I Y A D S T N E R A P
Z J T U I P Y W N C X C G O O S D O A M
N A I K P N E C K T I Q G K T K Z M M X
F J D K P I I D C A D S R E H T A F X G
J Z H Z J P X O W M E Z D Y R N E M T W
```

PAGE 34

```
B M O Y Y I W R V H R R A C C O S Y T V
L B K A I G X S N O I P M A H C D L R W
T N P H G W O P V P U M O W N E W F O V
C N K V Y F W L L A B N E D L O G O P B
T B L V H O B V D F M Y O G M C T P H F
O D T C P O F B M E P I N X A H B E V Q
U I N O O T F O J S N I Y F K A R N U K
R D M M R B W P N N K N I B N M F A B L
N K V P T A J W D N O F D E T P L C C Q
A R D E N L S M A E T L A N O I T A N U
M M W T M K R R D C P P P T F O O Z R A
E C N I H W D B E W U L A Y G Y I O D L
N T H T X L A O G C H A I J T C L M J I
T D P I R J P M D V C N O P J B L F Q F
S J H O X U H L M Q G O W A B N A M A Y
L K W P L M R D Q F B U S R A I B B A I
H M P B T O A F H P R A D I O O T M V N
N D E K W B X N O I T I T E P M O C R T
L F G O L D E N B O O T J Z L W O Q Z M
C B N P N S X F O R D R A W R O F N S C
```

101

ANSWERS

PAGE 35

```
I L C E S R U O C E H T R O F R A P P G
B Q O L L A B E H T N O E Y E I I Y F J
Z A K W E R E R A P T H T F O T U O I Q
S E L T B A T T I N G A T H O U S A N D
A L R L W O R Q O V M E N N U Q A E I O
V H O I I P U E D E F K I D T U V N S U
E V A W W S O T D U T I P H O Y E R H T
D B A O B E I F O T H H N D F T D C L O
B A W L Q L H N F F H O E I Y U B Y I F
Y T J B S Y O T Y A T A Y L S G Y F N Y
T T Q W A U H C O O N H T K I H T H G O
H I R O V C S M K T U D E H P G L L T U
E N I L E H T E O T N R R P U G E I M R
B G C F D H Z U Q S C W C U A R F N N L
E A R R B T C L Q G D E O O N R D W Q E
L T H A T W A S A S L A M D U N K L O A
L H E H T Y B D E V A S G Y K R I B E G
T O G J R F I N I S H L I N K L T N Q U
D U Y W N V T H R E E S T R I K E S G E
I S R L I E S E P A S S T H E B A T O N
```

PAGE 36

```
J G D R L Z N X T O L L P O P F K N U P
X U B R U N C H X M H F C H Y J J U D E
M I L B A T X V W L D E K C U U E Y A D
O M H I B C K C K W L N D C L N T F O C
T F K D E D G F V E D Q Y I H Y A L K V
H L O L C T J N B O J E A E N A I O J A
E O R V K F C R I B S W D O P N C W F Y
R W M S J C A A G T A W N D V N E E I J
S E A S N T M X L R E G U A B A R R P Q
D R K S E V X D D H A E S U M J P S E A
A L E E G H K H A P O N R F T A P C S N
Y G L T D N O P S M K U D G D R A X S N
A C E J H W I I D R C J N M H V M H B A
D U N R E G M R S Y S V K B O I E G R J
N X N V M M U M P T U X T N L T Y X V A
U G I F O I H A E S G B P U F A H R K R
Z T D M M C B P D J J S F F L W K E Q V
C G R A N D M O T H E A K G Q C G E R I
K R Q D Q O T O T V M B X D L R F Q L S
X M B C M V U Q T X J M M L A R V J V Y
```

PAGE 37

```
X P D I V H K W B J H F D R Z I T N G O
U O R F M Z S T H N Q J T J N A T F E M
N T T I S M L A B Q L V W U I P C Q M V
Q K E Q V N O V F I Y I M R Y T E F A S
U S R N Z A R P B E P M R B X G G Q I S
L E K J J G T D R A O B Y E K A L C L Q
O D Y C P T N Y R G G I L I A M E H I F
G P D R A R O F U L N U A C I E O L N P
I E O H R A C Z O J I M O O K N E W E W
D M R F E C L O O I L K D E F G B K D D
M G S R N K A Z S E I T I N U M M O C J
L U T E T P T L L Z A H E Q M K G P C Z
C S I T C A N M G P M O Z O P J A D P G
B E M S O D E R G Y E L R R I S T E N V
L R I K N A R X B R Q P I G S H Z I N F
K N L E T A A Z G W J V L W M P M O F C
S A E O R P P Z M B A P O T P A L B D T
A M M W O V Z W W C C R G Z G I W X O S
K E I D L I X G Y Z D W I K O I A R L B
J B T H S Q P J C O D I N G D K W W U C
```

PAGE 38

```
I Y P T L V S O G I R L V S W I L D I Q
C T S E K B E I D D A M D N A V I L M B
Y T T I K N R O C I N U R H Y O I I A H
F W A G T A S M C J P H R D Q T M W N O
J Z P I T A D W O R S T W I T C N S M V
V N E R W V O R J F I B U L Y E E V E L
S D R L I O P B E N D Q E E B L I N E I
N H A M T L R W E V X B A C O U L A T V
O E U E H Y U L X H I O B A E B U M S A
E N Q E A V N D D G T R U R L L J W W N
L R S T N Q I N S Z H F K S L A G T O D
A Y D S E W C H E I S G F N E C N U R M
D D R W A Y O M D L A T O O L K I O L A
R A I O S T R R Y U L N A G H I K Y D D
E N B R S J N F S Y F E V A R S B K Z D
V G Y L M S K P D T E H N R D H E W J I
I E R D A D Y R N E H P Q D E A R R N L
R R G O Q A W O R S T W I T C H W I F I
S T N A P E R A U Q S B L A C K F I S H
V Q A X F S Q U A R E P L A N T S P R F
```

ANSWERS

PAGE 39

```
Z O T D L N J D J X V Y V H I R H A O E
Z R U I W S H P I L T D Q Y G D T I W K
M U U S S G N I R G N I K N I L N N Y J
A B R A C A D A B R T S G S O U A I C J
C B Q P V F W G X D P E A T W Z W D O Y
I E M P S L E N S W Y P L E S U C U I S
C E Q E Y A I X N T P P X L D E I O N L
D R A C T H G I R E H T S S E U G H B E
M P B R N N V D A Z P N R X H R A L E I
A E R I D I P R B O O U D S Y F M G H G
M N A N F E I H Q E B O R C I G A M I H
A C C G R N R U B B E R P E N C I L N T
Z I A Q G O M H E K X B I L A O A O D O
A L D B S E J R Q E Q S H O U D I N Y F
K U A Q S M P K D N A W C I G A M R O H
A L B U O O D W A T E R T O I C E B U A
L A R F N S B C L G G C R Z Q W A D R N
A A A C O W L I N K I N G R I N K L E D
T Z I V M A G I C R O P E E L L E T A A
A L T X T S L E V I T A T I O N P L R A
```

PAGE 40

```
P A S L E D I H O L L A F S F Z M F U J
T O L K E I N Z C A F T E T T D L R S E
H M H R T O O C Q D K C Z Y X A I U M X
E R A G S R M C C O O E S O D N B P A Z
S M L M F N T O R N B B N N H L H K U C
H Q F G V M I D D L E E A R T H J H G J
I S L N P H G G N Z N G U A L V G P N K
R T I I B O G S G D P E G X F T Y G F P
L O N K Q W A W T A L A W O L D H O K O
E O G N T E N Y D B B E D H I R T N R M
Y R S I O I D N K Q S O I E N E J D I T
M U L L O G A E K N R A B H G D K O T J
I N I B F B O D W F E C U L S X J L D A
U C V O R A F N B K N I I R I N G V O W
G X V G A W W B D Y R D K N O B E Z D T
M E H Z H M O T X O N U H L Q N A K I C
U W M T S A F K A E R B D N O C E S A P
D C B T G O B L I N K I N D D T A Y X O
H Y M N T Z X O T H E S H I R E Z T M Y
F W X C A Y S I Q R D O N Y Y U N Q L D
```

PAGE 41

```
F D W N R U G L B N V T C X R V R L U L
Q U P A X V S H C U G K S E V D M J P G
F Y D X X L I V F M V V G A R R X E A A
M V B V G Y F W H B L G C P E H R L B N
T A N U I O N D S O I U H G D A I T K B
Z H N I M C W U U T O P I Z I F P E N D
X E B Y L B O T E D M T P T L M A E W L
B B B H L R L R W M A Q M U S A T B Y W
G F I R O I A E E R G O U Q D V Y R A L
N F D E O F N M B L S X N B E C B E A V
U K G K Z H Z E D E S W K L R I A B V A
M I H A C K Z Y D E E N Y C A U B M M I
B R C N L G D I E S P M A F E M D U L P
A G A S O R H B I W K I V K D W U C Z A
T T T L W A F O K A P I R V E S B U N T
R M D A N M P N I N B R N T R V T C W Y
P K T R F V S G P J K N U K S B W J R B
I B A O I I L O P M O C W E F K B J S A
H G G C S G X S K J R E L B R A W I A B
O E K F H C U C U M B E R B E A T L E C
```

PAGE 42

```
J Y O A X A Y G O L O O Z O T P Y R C V
H G Y L A R U T A N R E P U S M S V G E
L O C H N E S S M O G H O U T U L Y S T
W L G S H B L K U Y Q D M L Z K R U Z N
R O G N P S U A X F J L L E W S O R E I
E H M H W I E P M E O A M Z D H N I M T
T C Y J O J R C R R Q L R O D G L G O S
S Y T P L S K I I X O C O E M L K G Y U
N S H G E F T T T O Q N T G A R X E T B
O P B J W U R U P S V N A F I F M G F H
M A U C S V J W R P U J B R J C I Q I T
S R S W O B P A R A P S Y C A U D F F Y
S A T Y R W L A H Q M J T L R P M R A M
E P I M C I T E N G A M O R T C E L E Y
N I N V E S T I G A T I O N Z N S H R Q
H G G W E Z U E N O Y T F I F A E R A M
C Z G T G D Y G O L O F G Z D X L U R J
O B L S U M V W O W N E I L A L A K U K
L O B I U F O L O G Y N B N R K O M T V
P Y K P Z P O L T E R G E I S T P Z P D
```

ANSWERS

PAGE 43

```
G D Z N N Z G O O D S P O R T V V A A C
L S W I O G L A U G H I N G O S S P H Q
F S Q U I R T I N G F L O W M Q C R B W
N D N T S L U N N F A K E O U T U I S H
J X P E U Q R H N J O K E S H V E L V O
V Y P R C V U Y G J V D O A N I E F Y O
G N K Z E S P I V R B Q N L Y H P O W P
O A P Z I S E Q R K P D M A I P F O O I
L C W U P K O K Z T B S D Y Y V G L V E
E A Y B O N Z O A U I S B N N W F S V C
H N N D O A D S Z N L N E N N A O D H D
M I F N H R V Z B O S J G U U S O Y G U
G S Y A W P E F O D R C T F Y O Y I O N
V E H H A R P F A K W Y R F L F W T O C
N K N S I L L T N P O U I N L O E F D Q
N A G R V I S A X S X I C G I F W N S I
L N P E R D R O M U H Y K W S H H E P Q
M S L P S P G K G E N L E Y O F O B R J
X T A P R I L F O O L S D A Y W O S O I
I U E Z Q B Z A N S X R X M V I P V T O
```

PAGE 44

```
W G V U P L U J E J L F M J N I Z M L F
A P C A Z I T T R L C D C U I U E G U M
Q L A O X U U G E S C V T A C D U M A Y
E J M H G A X G F C S P N C H R O M S A
Z H Y D T J X C G Z I I U C U V I S Q M
E A N X K R J H H R U O I X V D B C X T
A H O Q J M O T C W N C I V A W W R Y U
T J R R F J P S A H B S X T E L H I T X
L F H A T B E Z R D R Q D G L V S P U X
U A C C I H V D D L F O N H C U P P C C
M B X E X B O S I A Z Q L S Y S M K R A
D O M S P D Y G E O P Z A M C U T A I K
J M P K A S K R L V H U O R D S P E C T
I N S M H Z Z P C N C O I C M B F T E B
R I B O E Q A W W X J I O T O E G E N R
K U M F R T G X S I P D U T C J N M T O
L T Q T G E T A S T O R U X C Z E T E P
S U B Z Q F X D Y U A A M B U R A J P Q
L Y N C B P R A O C T C Y C L I R M X Y
Q X P J X B R R E L M C Q D B V B S S H
```

PAGE 45

```
C K W S B P O S Z C A G O O I C W W L I
L P O N Y E X P R E S S F W N A Z X P C
K C R E K S E S U O H L O O H C S N M B
Z G M K P G E Y Q H U L W M R O H H M C
N P X S A I J T P S V W A L P L E E T S
A F L G R S Q V T E G N I T S E V R A H
Q H Y I Y R N I S L W O L P L E E T S U
J O A Y S L B N I U E Q V S D C S E I I
I R D F E A A L U V E R E Y A K S N W M
P S S Z S K D L O Z O O S P Y S B W O C
R E I X E H H D J G W F R Z A E I L L Y
A D R S S N D I L T C E N L U T E G F P
I N K M R V Q N I E A A O M R T G W E H
R B F J O X Z X A K D M B V V L X W S C
E S U O H T U O T L O A G I O U I S S O
E Z T S U O H T U O S O S C N D S J N W
R X T Z S N Y O X V W S C M X S E E A B
Y S Z M K G G O P E T A A V L J X L P O
S C H O O L H O S E L P F R O O O U E Y
M X F N D L B T S O Y R Q Y G N Y R S O
```

PAGE 46

```
X V E D G T L X K G L S D J L X H Q Q I
E Y J N N B L N A Q M X I S U W Q Y I W
N O D R O U G H T M D F I R S T A I D U
A R A G W L P A S U I R E G N A D G B I
C D E F U Y C H Y C N E G R E M E I M C
I F G S W Y J Y Y R W Z V G R H P A U D
R V O L C A N I C E R U P T I O N H M Y
R R V Q S U R D R A Z Z I L B U T R Z H
U X E S W I L D F I R E P A S D S V S U
H Z F N R Q Z I O H W Y A T R T Z U T R
W R B S G E F T K J K F D X F C P F O R
A O L U U Y S O W G D V S F I E I I R I
R P U O G A V A L A N C H E R K M D M C
N Y Z R T V N U H Y R R C S S D V T C A
I A M E N U S T J C X N T J T J O N H N
N O J G N L X G E A M O I R A R C O A N
T S I N K H O L E H R R S N N Z B B L Q
C M A A H F M Y Q O A G U W T K F
A Q V D J R E S C U E K D T M P B L R G
P F L O O R F C A K O O S F S C L N P Q
```

ANSWERS

PAGE 47

```
R W F X M R F J A S B B L C V Q Q M G X
B T E D S A V E O V E A B K C C B Q X J
I A T X N P Q H V C R R I X L O C P M X
I H C G R S O O I D V G X D O M E N B H
B A L K U H H R U B K A X C T P C B F J
O A O V T J P I R J A I A A H A L A C R
S K T E E O Y O P J A N A A E A L C C R
Q R H T R S W F S P Z H N X S I U K B A
Z I O T B S L S M E I U J Y W S P T G L
B L P S I R E D R O E N I L N O M O M T
H W O N T L K T D A F T G S I V Z S Q Y
J P G E A Z Q Q R T L I F F D C E C B Y
U C S S M P K P R U O N W E R O S H O E
P R S A V I N G Q I O G N E O U J O K Y
H Y L S H O P P I N G C O C S P O O L U
G L S N S J S E O H S H D D Y O H L C S
D D C X Q U S J H P S J X O C N O D K M
G C N S N O S I R A P M O C O S T G O G
V U S Z H B V V C T U S Z Z G F S N C L
T W X H T F V X K N O P U O C W P I V M
```

PAGE 48

```
I N O C W G H S T E I V O M Y R A C S K
E O T A M O T N E T T O R A G Y C N O N
V T H N L 3 D G L A S S E N S O C H R P
J A G T P O P C O R N V H L M G J C R V
L L U T I C K E T D M X S E Q U E M O Z
E K N M Q S U R R O U N D S O U N D U G
U Q A S J H X U X Y O Y E R X A M I N N
Q V I D Y C F F O S E N O H P L L E C F
E H C S T C E F F E L A I C E P S S C R
S J G F H C K L P O W P W S A I G C Y F
E N E W I 3 D G L A S S E S C N U S N G
A F A C J R B X Y P P B O U I S K E O N
P R N C S 3 S H O O H V Y T I C K E T S
R M F A C D H T A F K O A J A N Z J A E
E K C M Z G Z R R F H R E N C I B E L U
V C C A P L S M T O U J S S Y I V L K V
I J Y R S A Y X O M W J Y M O F G E I P
E N W D X S E O T A M O T N E T T O R R
W L J Z Q S F U N X N F T X E G F M B P
S M F O N K A R G N I K L A T O N O H R
```

PAGE 49

```
Z S E U G B G B B S P I G C F O L W O B
C T M F L V C A O K C N J N J I O G D Y
C A F E T E R L A W I J Q D N M U N R G
O N T C O F J L A B L K S Q L Y D I E E
T D I H P E M J B E P S A N R G M S S S
T I U M V A M A U E A C O L Y L U S S N
O N I Y O C D K I M E X U F V O S O E I
N G M G Y O W C Q D P N P O C O I L D G
D A U L R A R N I D N A T S Q H C F U T
Y R N O D I K L Q N G E L P M C I X P U
E O E O S U S P L I C J Y M Z S L P Q F
J U R H R A N R H A D A S Q D K J A S B
O N A S H R C M S C B Y F C D U S I L R
E D C C X Z K K S E N O R E P A H C M X
T I A A E S L O W D A N C E T G J Z B S
L H M D D P A K S J O L W S D E S S W N
C I A E C M C B M W W C N B I I R F H E
T G X B A U D I S C O B A K E D A I K I
P F O O R L L A B A N E R A C A M M A S
O I A T C O T T O N E Y E J O E I D Q T
```

PAGE 50

```
N V B V H E G J J Q M X N A X X B G B X
M U M E M O O G W Z S O I B J V Q Z C M
N D G S Y X L Z C T C X C U E G I P Y S
E O H Q A I D E A X H W J Z D I J P D J
P O I B T Z L Y I M I Y K M G C P L F E
V W U T E J U H W F I R E W O A D B V W
I E E Z U P A R R I G D M U H H C D F V
M R H I L L Q X J R J Y N V W J K A M D
J I J A Z C O N F E T T I I L F V W C L
Q F T D P N B S N W D R R R G D O G C P
F E E O R P X Z E O B A R O K H W E N H
E W V J C S Y S W R V P R X H L T N J L
L Z P H S G W N Y K D D I A A C O L P O
T D V G V Y M D E S S Y C B P Z A H H B
W S H K W U C F A W N J B L B E M Q G M
H I X P X R Q G R N Y A C R K F J X N N
A U L D L A N G S Y N E C X L A B F U H
Q P M U Q O M R D E V A A K Y S J H P Q
D I V H T E S P A R K L E R S N Q Y L N
M E W B M N S C Y Z I V M X R R K W W G
```

105

ANSWERS

PAGE 51

```
G W Y R S W F K U X A B Y Z H G I Z D M
K N O T I C T Z W A M K R J T C V M R V
M I P Q G D I O O E H A E P E S P E A K
D H J K N R S H V V S T H R X U S S C L
L G T T L A R E P S I H W C T P N S T K
I E A H A C I N F Y N W I Q O N T A S Q
A Z H Y N Y Q O A G L N L P Z E Z G O O
M Q C A G A F P C A A G A T A C D E P G
E K O B U D F H E D N X O B J A F I P P
M E E T I H V O T X G X L R B L X N V V
S E D F S T S N O H U G H X E L L A J G
W P I I H R A O F N E P I A R I Q B Z G
Q S V N L I O H A T G I M J T P H O N E
H U L A D B G L C M E G R Z H F V T W W
V F R E T T E L E P K I K O D Y T T T F
Y W H I S P E D T D U H H W G L G L D T
L H W E B H S X O W M O Q A Y L F E Z L
K C M U L Z M W N G W S R O C A Y U Q Y
J I J J E G A U G N A L N G I S Y P C P
T I J P E J Y Q J K M C I B U S M F H B
```

PAGE 52

```
Z P F P H O T O S Y N T H E T I C D J D
J R K C N O I T A V R E S N O C Y O E F
P X A N F V X M D F O C T D F Q D E C N
O S D I R E E N J Q U A F A R I P N J W
L W T D H R E Y T G X L C N I S A D E G
Y D R A U S T R A L I A J G N H I S L C
S E L R G U A E R U G Y N E G G X Z L A
P R O I W H G D E E I J V R I O I I Y R
Y E S A U Q H C A R I B E A N M I H F I
L G G A W N O J O G L R A Z G R I S I B
O N L O T A R G H P L S R E B U G I A B
P A P A H A N A U M O K U A K E A F C H
K D O R D E W J Q P T J H R B I Q Y R O
W N L H U N D E R W A T E R E T P L O R
U E Y Z S L O Q I A B A U S T R A L P A
L J P S D X W G M O Z Z P G S T C E O J
L I P E R E G N A D N E X Y U Q F J R Z
J S S L A R O C A E S P E E D H L Q A G
P T G M S L E U J N R O H G A T S B L T
T T Z G C D R N A E B B I R A C P F T T
```

PAGE 53

```
Y G T W R L I E X X G S N K Y X O N H C
G R C S U P A L E N T O L O G Y H P R A
O F R U A S O N A T I T C F J R R P A R
L Y H R S K S S Q S S L Y J E E F A B N
O S Z U O K C A J I A L I N H T K R W I
T U M A R H R U B W D G Y I S P H A A V
N R H S E E W R S V U E S K I O E S H W
O U U O T R F O D A J T P W K E R A A Y
E A G L P B X P N D O H I L R A B U H K
L S N A F I H O Y R T D N T P H I R P G
A O X H J V D D I E O L O P T C V O S X
P N D P G O J C E A H V S B F R O L L V
R I V E N R W T C F C R I C V A R O I A
X Z G C A R N I V O R E U N P W E P S Y
T I X Y U W H D Z C E E R G R B A H S R
Q R T H E R I Z I N O S A U N A O U O L
C E X C C S Q T G N V C I M B G C S F U
C H P A A K E U R O T P A R O R C I M F
G T W P H S U R U A S O N I P S I O Z F
V T I T A N O S O A R O I S Z K W R N Q
```

PAGE 54

```
A J P Y U M Q G T V J J Z D X A B H Y A
I I C B G D L P L K F O W B F I N I I D
B P H I L O P H O B O A W Y M B F B D Z
O P A S A I B O H P O R U L E O O X A I
H A V G V T B H A C H L U O P H O B I A
P I L J O A I B O H P O O Z P P E O B I
O H B S V R D B F R B W C E C O H V O I
H O I A S T A P H O B I M B S N A C H Y
T H C L G H V P K M O O K Y A A V O P E
I P M N O T H Y H O C N A A S T D K O Y
N O I E X P A I B O H P I N M O S D N K
R N S U L L H R S P B P P T H B P P H A
O H O T N O R O I H K I Y E O T C H C T
O C P L A B N L B F U R A P Q E V O E F
M E H W J S S X N I G C T C H D B B T Z
D T O W O M O M P H A L O P H O B I A N
C S B F K D N C H R O M O P H O B I A G
W A I B O H P A R T S A B O D D I J A G
R T A I A U X A I B O H P O R T A I X I
B W Z A I B O H P O S Y M K P T X E T O
```

PAGE 55

```
P B U W Q C P R E G E N D Q A W M S R W
S F T N I A Q R A V W N N J T A L K D S
N L T F B Z U M A L G O E Y M D P L W R
P A B O I O I I G N X I W D J J I T B E
W N J L E N X L M L K Q M C U I Y H G L
U O N D G M S I Z T X S U Z E S I G T I
L I R T K M W T N L U Q S M A D O G K A
P T G V S A Q B R G X F I E Y D O N W R
R A S S N H O W G U O F C D Y S F I J T
Y C W H G S N O I T C E L L O C V G B A
U U X O Y O V K T G R T S Q C D N G E R
B D L W W C L G Q C I Q I X B M Q O D O
U E W S H O J X A U E G Q O F H K L N W
X I K C D V O S E M E M A V N V S V F X
E C O O K I N G B G V W J F K A N X F O
T U L A V C U S R D M W Q A A V L S S T
I Z L U E E L D S T S I L N E T P O T W
J P D A I I O G V Q O E S W E I V E R O
B D N Q M M P N O I T A M I N A X Y K H
V P E E Q N P J M I L U A H F T T L E U
```

PAGE 56

```
Q F A J G K O A L S T V S K B I T H K E
G I R O T O O F Y U U B J K I Z H X F D
N G N E T I R W R P D A W Y W X R U R A
Z N H V C O J D S E T R Y F L K A Z I R
G Z E Y X K V L A R C B A F U L T N E G
R B Q P V V L X L F M K N R I C A Z N H
E S O U P S I E L U P I L E Y M O S D T
E Q F A M I L Y Y D W I H E A Z F Q S R
N F U S F Z F O J G D S S E J A O V A U
K B G H O H Z U F E O E G I R U D A E V
A R G Y U U Q N R Q H D O L S E I F T T
G O E N R G P S E P U R E Y S T T C D L
G T N R T I W Y E F R Y L L G P E W E U
C H G E H M J T D P I H S D N E I R F D
I E Z T G W E E M R P E T E Y W U I S A
M R X S R R A W A M M A R G A R E T Z G
Y S E I A F T Y N O I T C I F J S E E N
S H B S D S S I F F Z S Q T A V B R G U
Y D U A E U C J F B E U P S X H F P M O
J W M N O O R A G N A K N E E R G A K Y
```

PAGE 57

```
A R R R D R E P O O C S M A E R C E C I
C H E E S E G R A T E R E B M A E A P
T C F T T N U N D Y P N U A L O O P K E
O U R J F E E D R D D B B V Z C F W E S
N M C E W I M P P I Z Z A S T O N E P S
P O I G A C S O O U H Q I I P O X O A G
L R O X J M E C M N C O F F N K O L N W
C T I P I V S F R R A G P T M B T X W S
U A Z C S N Z C N A E C N E X A E R J M
T R P J C Q G L O E O H I I N Q E N N K
T A M I X I N G B O W L T D R T L C E E
I N T A Z G K R B Q P J P T A U O P R F
N D A O N Z N A B O T E E R I O S T P I
G P P O G D A T T H P U G S K M G A U N
B E E V C G O E F P J E L B P A E Z E I
O S K G Y J S R E U S N O Z F T B R E M
A T A E T H E R M E M O T E R O C F H R
R L C D S Q O I E F K Q I I I P R A B G
D E M E E A H H Q S B O O K B O O K C V
Y X W K Y L C A K E M A N D O L I N E T
```

PAGE 58

```
M P W X N N U Z V N I W E P P U G R U S
M L P I Y D P A T S L P A R R O N E V P
K P A C G C T J V I G U A N O G M D P K
Z T A W F U C O C K A T O O L T R A I W
G F A P R H A A A B X U T B B A R G P Y
E E T T P R K N L S N A K E S R U N S D
E R L X M O U S E Q K S T L O A I K D K
E E T P A D P A R A K E E T N N T X H C
L T O T Y T J Z C N A T D A C T T O R E
R G M E Z A L H U C L E R R I U Q S K G
R A V R J K F T U A H S I F D L O G U J
I U D R X C W P X C L K G S L A E I H C
U R Z E L O P W H F B L F O V Y N G A E
Q A F F P I F Y C Q L I I E R E D E M F
S F F T G M A T P X Y B A H A F M C S N
L E I T A K C O C P J R M P C T T K T I
I G E C K R N K K J U E I A L N O K E U
X C E L B R E G I C I G Q K G I I O R O
T I B B A R C H A M E L E O N O F H V Y
I U N E H E D G E H O G X X K V A X C A
```

ANSWERS

PAGE 59

```
W T W A S H I N G T O N Q I F R H Z J M
H L I B B M H H U U Q A G Y I G V Y A P
E I O C R A D D G S O N N Y U A S Y C Y
K N D H J X N E Q K Y I L O M A A D U B
X C R U T H B A D E R G I N S B U R G S
P O S R L L A D O O G E N A J Q W R M B
J L P C V T Z R W A C T C I O D D O A O
A M O H A B V Q P P H O O G L S O E L J
C G S I Q R H J M O N W N L B W Y L A E
K U A L E E G E K S U T M N R H O I L V
I H Y L N L O C N I L V A E O T O R L E
E A H L L G W X J I A L L I X R Q G A T
R M G A L I L E O L T L A Q Y C U V U S
O I D A M I I M Q C E R L H K D U S L Y
B L C Y N I F L L K M I A I C K K M I H
I T E D I D O N N N E I U M A R Z M M C
N O O O F E H E D N V T N O H F U Y J G
S N L N G D L I Z O V E R I D N A H G W
O S T E V E J O B C I T S Z T J T P C B
N F R O H F P A U O L E G N A A Y A M X
```

PAGE 60

```
O I B U B P C X Q T O U T A N E F N E O
Z Y A N Z O D R A O B W O N S I R Z O L
E E Z B J B X G B Z T K T R I K E Q L G
L S Q Z S S O R C R E D R O B X E C Y E
Y N N S U C N R K A Q R N L D M S Y M D
T O Q E Z C H O D W A U E Y C J T I P I
S N D M W Y N Z W E N U F M B I Y U I R
E I T A X B V A H B R R O P A X L Z C E
P P H G G I O A G P E R D I O G E P K E
O L O X V O L A M E R A L C F A X L S R
L A Q Q K F Z B R I T X R S I Z L B H F
S Z S R P R P I S D J O Z D P C K B S S
N M I I L G D R D Z W H U U F N L C J A
G T P G E I Z R H R W D N T T I H P V K
M E E R N P W F K F L L B R A R E G R Z
E O A G W B T S R M J I B B I N G B I R
N R X A G T R O P S R E T N I W T F A J
D X J M C M O R R I C A W P R D K S G B
A N D E R S O N V K F A L M Z O I N I V
K M B S U P X J A N I A T N U O M T B V
```

PAGE 61

```
K J W A H Y N O T K X Z Y T R C B T X Y
I C A F M Y K R Y E S L A I R E A O Y G
W L F V P B O E E N V E R T R A M N A V
S T E A M E D L N O S E G R I N D N I C
R E P S A C F L L I U B J R W S E K O A
C K B J R C J A J I P A M C T W I S T S
T N N G T Q Q B S E E H F Q Q T E D V P
T O O L R E A A I O S S I L L O P F I E
V S N S E I I C T G I Y L M S A J L X A
D E B Y V I P K H A S E A K W P F O F O
N G Z E H Z T T B X K P A X T K J Z E S
Q R Y P J A R Z A C N T T W C Q Z K C W
W I G I B F W E I P E H I I P Q I A Q Q
Y N B P W I T K M B E V K Z S C C E A B
L R X F W N V M O A S H E C K L E R F I
A E O L J O U A X B E O Z F G C Y I H G
R E Y A X L R Z D Q Y T L G C S O A Y S
L A D H L D D U E D I L S L I A R L H P
B D K E D W H E E L B A S E O R B N K U
U C N I P S G I B L S U S J T R S R U N
```

PAGE 62

```
T N R B I Z X R L B S U H T R K S H N L
O Z O T U G E D I U G R U O T O C H R N
U M E T I Z O P Z J M P Q X T A H I J S
R O Q X H I S T O R I C S I T T O K W H
G M U I R A T E N A L P P O D P O Z A H
U G C Y T I S R E V I N U U R E L U Y C
I T Y E V K F M H Q M X O W K P S C R N
D S I R K O M V V J J Y C Y X G M P T E U
H I S T O R I C S I T E A U V T E S L L
Y I J Z I T T A S R E H C A E T R T L G
H E K M U E S U M E C N E I C S M N A N
V I T E M Q L I Y F A R G H N H I E G I R
G H S U B L O O H C S P Q P K J S R T R B
J D F T Z Y J K A L G G G W N P S A R B
D X Y E O J X A Q U A R I U M K I P A G
M V F Q A R I Y E Z D R A H C R O S D U
G J U A X Y I T A N L U P Y L N S T F
T Y J D R A H C R P O H S T F I G A C Q
D W W E S M J E S U T V W X A F W L O Q
B F R I P G I F T S H O E Z D N X C I N
```

ANSWERS

PAGE 64

```
F G G K G H A R I A N S E L T T A R S E
K B K I D Q C C C Z W C Y K P E O S Y C
S O Q R L L G N I P P A N S E G G O L Y
F D M Y D A E H R E G G O L T Y K X I V
Y W X O M R B O A C O N S T R I C T O R
Y S I M D E T H C R O C O D I L E Q O W
O E L O L O G N K N I K S A I K G T M L
Q A I N E L D Y B X V A I V F B I H J C
D T V I P E R R W F B O L V T N L H S E
U U E T K B A B A M B D O J O R A E K E
T R D O B N I L A G Y E W M R A M N I S
M T Y J R F F M L N O C A N T U O Y N I
A L N W D N L K R I E N T C O T N K E O
M E R O A Y G O U K G L V C I I S G S T
B M O P V F H J C N M A Z N H B T W E R
O D H Z M T L H K C R N T S E O E O G O
B E T E H N U U M Z O T X O U K R P R T
R R T B A S I L I S K B D Z R H M Q Z S
N M Z I C H Y E Q O P I R S M C A N X H
L V E K E K A N S E L T T A R I Y U I G
```

PAGE 65

```
Y O R B X U O R G S A C Z N X T S M M L
V L H J C P F L C U O L Y M P U S X D Z
Z C K M H H A N X P S X R C G Q L L I E
B E N K A E B P A M A Z O R L G B R T D
V R U X D R D F O Y Q K C T F O X I G B
O B J Y E M T X T L S Z A U Y J P I N O
L E V K S E V E A O C E R B E R U S E I
L P O H R S C K E T S K E J Q U O O O S
O U X Z E G W X N H W H W K T V K Y U
P S Y B V P P M I U M E H D S C D R D E
A I T S E H H V N O S E N I G B T E B Z
T R Y X C Q K A O M S W A A B T N T W P
R E L U C E V E I O M I D K H W O E G A
V N G S D C Z F B S H A S C A A Z M B N
T S G W F D T W M P T P Y E R R A E L E
D W S L Y N I R E A P O L L M T M D V T
I E C D E E N H F R T D S D A E A M N A
S Z V R C E Z Y D P W T C E M M N F P C
D O I W J I E C Y V T L M M D I E S J E
P S V H L L M U T I I T S E H S O F Z H
```

PAGE 66

```
T N E M N O R I V N E Z N R O Y C Y N H
V T M D O U K P S L Z H Q D V D L Y M D
C K I G V G U N Y J A J E O C C E J H C
L D S L A N Z R E T R D K Q K E A Y J L
I E S O L I G H T I I N G W F Z N Z K V
M G T B I T P U G S V L Z T E W B E M Y
A N O A V S C X T Y E A A I X X U W G S
T I D L Q O E U S N R J L U R I R Z N K
H L I W U P O Q E S O H F U Q O N I I R
N C S A E M I S S I O N S F R R C E T Q
R Y T R C O N S E R V A T I O N I T H P
E C U M G C M O U N T A I N S X P A G O
N E O I O Z K F I T T G A L Z S D M I W
E R E N R F G F N T O T U L L O P I L D
W H K G A G N I N R U B N A E L C L H V
A B Y H Q C M T S X L L X B G D W C U O
B N V T X R E N E W A B L E O N L J F W
G R R R I V E R S U B N A O L S C U L G
R V M A C B Y I N S I C P I P Y D U V K
S Z A E L W S D A R E N E W A B L Y L T
```

PAGE 67

```
U G I S M I A M I B E A C H I Q Q U T O S M
M L L A M L A N O I T A N E H T W M Y Y C X
E A Q O V S Z H C B G Y E L L O W S T O N E
L C P E L L I V H S A N G K T A V E K J D D
S I H Z T L X E Y U I Z A U I Q L A F T H I
V E C A W I G M G D S D O K U O O G B C P S
B R Q H I H J Y Q A R A I O H U Y F A F M N
V N C K I K A B T X N K N N L D Y E S C J E
A A C I C C K F J I I V O D S G B G C T S Y
U T T H P A A Q M B C S W R I Y Q C N F J L
O I K Y M L N G E S K K R H E E C R B Z G A
W O G A L B Y A O C O A A R K B P G E Q M F N
K N G L N E C H A X B G A O X C A O W D O D
R A W M H K J C X P T U U Y O R N Z N S O
T L O W A T H P X Z S A B L E W W U O N M
C P N S H B M Y X E N B E H F P E K U S O W
B A X R Q Y E H I A H B A S K S F N I Z J Q
N R J R C D I S N E Y W O R L D H H W Y T U
B K D L B X C G V G D I X Q E N Z O J R P U
K I M E G I M Y P N D L J X W L U T R F Z P
B F G R A N D C A N Y O N K B T M X F E T Q
N I A G A R A F A L L S Z R I C Y H O M S T
```

PAGE 68

```
R U W E D N I A T N U O M Q C S X E H J B K
E E J C Z J Z M L N T G C O L O L J F U O P
E W P L K L Q K M L E F E Z N A C L T C E T
B X L P J C M E F K W F U V R A F A F B D T
T J M T E P O R D N U S T E O D A I C E N Y
O T A K D P C Q I Z J K G R Z I A D Y O R A
O U J X D Z R E D V G N A S B A X A D R L X
R S Y X R T Q D B W I N N G O M T D E A K A
S Q T M P C E J T G G L Q F L T J H C L M K
Y S W E E R Q W K E O I M R P Z C F W M Y Z
I M P Q P E O W C Z I S R T T A F A F F Q U
C S P F P A A R M W U D D S L J R N X D C S
I S M C E M U H G G Q H Q O P E Q T D R X H
K N P T R S L O X A N U C U W W O A I L Y O
V A L U H O E B H B I A L O T D N O E Z R L
K B Y H O D P N S R C X F E E Y C R T B L F
E F X U Z A V X T O L S T K E H Q A C G X R
W L Q C X Q B J C M K C I V Q X N O S K E
C D I E T P E P S I J O D Q D B L G K C L S
U G L D Z F M E L L O Y E L L O W E E R T C
T H Q J S I E R R A M I S T U Q R A D A U A
T T D O S P R I T E D I R E J Q F B A C L X
```

PAGE 69

```
Z Z T G B F K U J X F W T V T B B T K W G N
J U M N V F D V M U H W X A I L Z V I H A X
G G S C A O H F V B Q B O R H S Z J O D A A
Z G P O F M R I R M W I W L O E I Z Y C P K
O S I L U I N M T E G N A R T S R O T C O D
S I D O S X H O I F P C E C A M S E N B C S
T I E K X A U C R V W R E K S O N E N U W L
A W R I S M L S E I O M G N U O R M F R H W
R P M N H A K C H V D W V V I D C Z G O D V
L V A X C D W A Y S I I S N L R F W W H R M
O Y N X V N V P B W N S R O O E B Y T H P
R Z X J J A I T E W K T O E O T M V R G O R
D O I X B W L A I F C E V H P C P X L M D R
C C H Z I M N I D G A R B T D O M O X O X T
J P Z U L N I N Q R L S N N A D B F M J W O
X N R Z Y C C A P M B O L A E B Z S S X C O
W T M F B U K M S Z W L L P D M M U E X A O
O U S R G T F E L I I D P K I V T V V N K G
N Z L O O Y U R P K B F U C K Z D H G I
V T B M D T R I W S S E V A A U J V X K Q K
E G W A L R Y C L R A R J L X V E L F U M P
E X V N W V G A K N V T G B B E K O H Y W L
```

PAGE 70

```
N L M I C H A E L P H E L P S Z Z Q T W F T
D A R P C G G L Q I G O G P A J C R L S F O
R S T C A R L I L L O Y D X Q V H V O C W T
X E I A E C G S I M O N E B I L E S B Q R Z
G J V P L N E R T H S L A W X E L A N M Y T
Y B D X E I Z Y G G I V N O E X U N I U A W
J U L I E E B P H K K H T T N V X A M N R
D L K L D Q H C B C L U H O K K T I S I M P
K I L E R V H V O V C C W S S E Z K U C U K
B A N F E X W L E U O J D A F B C K B H R N
M N D N S I V Q Q L G B V G Q T J T I A P O
J T Z O S J E N N Y T H O M P S O N M E H S
T H X S E Q Z A V W F W L S I X Y U I L Y N
A O Z Y L L Y I G P C W C I R G B A S J S H
N R C L K R O G G O O N S Y G M T O U O
M P O L N L W H A T A H I U Q E M U Y H N J
J E A A U K A T I E L E D E C K Y Z M N I N
T P A C A R L L E W I S I S T P E I A S L W
N I K U I L A I T S A N E A K X K F Y O E A
N E Q W R B T H E W X K D Y C O R B A N E H
B S A M O H T Y B B A G J Z W Q B E F V I S
V Q M N N I L K N A R F Y S S I M W B A S Z
```

PAGE 71

```
E F F R J S V I K K G A Z E L L E E Z L R I
N H E N Y G S O R E C O N I H R R F A F B N
R B Y Z F W I L D E B E E S T M Y M M U E A
O U T T M M Q P E L B K S I H V O A B I R I
H J A A G D N I N A O M A L H B D A G D R T
T V J N E R R H H X L T Y E A X B B M U X W
A T H I P P O P O T A M U S H O D D V K O I
L G K M D R H D Q O F B T U O A L L I R O G
L G R D Q U T V M O F A N N V L X K D Y I Z
E E O W P D G P I A U E F F A R I G T N P J
R E T M L R N P L R B F C H N H B B Y S A V
B R W P E Q I Z H B E R I J E O P A S C H A
M T S D L J L P P E P O S X Y Q L E K M C F
U E T R K M T F M Z A F P F H T W A L H W M
L G Q B R K S F V C E Y N D R L P I E O I
M A X U G B I R H J V D A B R V M X N Z P
J S Z Q K I H B E B O E R C B I P S H H B U
M U J L Q M W E K S Z R A F G A V C G S D I
W A A M O P T E W Q D T P G N D C R Q H U I
S S F R Z A P U S Q B R O Z T Z Y S R F U G
V K D A H L R Y N E F E E M Z H X D J P R M
E J F C S A D D W O T E L J C A Q V L B Y G
```

ANSWERS

PAGE 72

```
T Q E D K V L X P C K G P Y T W Y J A X W G
L O S L X U I A Q O B O D J Q I G U S Q I P
K B E E U F B S V L O Y E L C N M C H I P S
R I E M M O M W P S E L K C I P A M A N B U
O F H O N A G F F J R O S N R C A O M W K G
B Q C N D Z G N R S G S S R S W B U B R T L
N Q W A Z L J N Y A Q B L V O F S O O G F A
I U O D Z N J V W L J A T Q F T T H C M M W
B W G E I M N L F A M V Z P A R B D E A X N
K P S M S N U B H D L L B R I N I P H X D C
Z C C H I C K E N S S K D C O D L E T Q C H
P U H C T E K P G H A B J L G L Y K N W B A
H C K O Q V M N F J J N E I D H R N O D I I
O U L O D X I T R J W M V C H L H I N Q S X
T V C L R G H L U Z R S R A A Q Q A R M C S
D S X G I L N C I E X K Q S M T H B O A I L
O X T X F R O G T F F S V Z B S V S C O M N
G W S V M O G A S M Y J W J U L U T Z F U R
R R W Y K U W U A R D H P K R E Q E L N K J
H W O I U G E G L Z T U Z K G F I A F G O V
R R E I M V B M A W S X M S E L S K U S U I
E S K G C D T B D C S W M G R B F Y F F S D
```

PAGE 73

```
K G R V Q J A B E Q F O B G S W T W G C
L E E Y T I L A U Q E L A I C A R I B M
R Q R O C G G T Q P B L J V O S T O E Q
L J O H R E T N E C G N I K E H T E C I
I E G P T G A A S G A L F Y K I J D I O
N C C N O D I L N M E C S Z C N N Y V B
C M G N I K T T O C S A T T E R O C R G
O I S S E K F A M W G E O R G I T Y E J
L C V T T L R X M A H G N I M R I B S V
N S H I N D O E T D E M E N T S V A F R
M M S F L O Y I H T J R D O I G G T O W
E O O S O R T Q V T O I D Y R M J N Y A
M W I N M V I G A N U C M A O G G A A S
O O Z M T T Q G N C O L Y C E I I L D H
R R N I Y G O U H I H N N O R V J A Q I
I C E N V H O B W T H N V I B O A A O N
A M A L A B A M A V S S V A T S N H P G
L I N C O L N M E M O R A A L R U R I T
M J T D P T F H I R I D Z W H G A B M O
D U K N Z M O N T G Y M E R Y A C M B A
```

PAGE 74

```
V U D F I G I L S P H G K U S R K X J I N E
G L L H I R A V O P W C C C E E L T E E B Z
T N K F B D B E G V I E C K O O Z N P H V A
A T X Q Y Y U M S U N R U T T U T S Z R H Q
P Y S B M P L F I T I N H B I J H L G R Z Y
F D U Y H Y H N I U X E U T U E B L F J P I
C G M G J C L P S X M E S D Q X R O A Z C C
B Q G C Y F E F Z W G R A S S H O P P E R Y
D O B N R D U U N V G U J D O F P C L S U L
Y U H H E I Q V Z O P U B V M G O T U E V J
H N V L Q T C N G O G U B T I C F G M I C E
B A E U A V K K H T T A V K K H X D K L C O
R D A K H U U D E T T M R R N U X V F F P D
K A B S J P M D E T A V O D O I I N K H G M
A C O X A M S R G Q E A R W I G T T X S K J
T I G S K F G U B C P Y D U E Y S T I R D
Y C D Z V L B E N H T L Z U Y Q H R M F T M
D B Q Z Y R X L H Z F Z L J W A N L A A U L
I N R M E T J M U Y Q O N S N Q J E N U A G
D P D T J Y S M A L L H O R S E F L Y T D L M
Y R A E C C F M F B H O L Z Y U G D I H P A
S W D Y L Z E C F T T E R M I T E K S U N G
```

PAGE 75

```
O N B N E J W J X G E R H I A M G T Z W G D
I F P T P F L B G U A P Y V I G H G G G H V
L L U B T I P I W A D Q D O P N E R P U R G
U P M D L G Z G G T X T X P K R E E S P O H
S A M O A U H A U H I H C V M Y R K N L I Z
L W X B W V Q W S Y A N X A H O Y E D I Z D
A E X E D A L M A T I A N O T R N E O A D N
B G R R Y I O Y R I F S U T X A N V F Q T U
R O L M U H E P X D H N W J D R K Y U B H H
A D G A E O W S X E D E B T E N I V O L L S
D L L N A P M U P N I Z A T Z D S S S I O H
O L K N Z F L H B L Z E R S K T T H I U S C
O U O F N B E I E Z R I M L K O P D D X I A
B Y G W R G R B G E N M V N T X R Q E L D
L H X A D R N B W V O O D T C Q E N Y G Z T
E C R N O R E V E I R T E R R O D A R B A L
V N R C L W E R S K E R N M O C E J J P H Q
V E L C E I L L O C R E D R O B L T Y K T Z
I R L P D L H R D I S A I N T B E R N A R D
O F H B L R X X E O G R B B B A M S I U C Y
Z U Q B O X E R I K O R K N J S F O M N P D
B O U Z W C F F R C U P H K W U Y P Z Z M O
```

ANSWERS

PAGE 76

```
N K N E E S F P D M G F H F D Z Q M E B Q V
B P R F R S U U O E A Z D I K J H N B O O K
N G E L E Z W N G W S R P C K D M D U O T Q
J Y B A G H Z N G S S H T W A N H A Q Q L C
D Y O S R Y W A S L T U D R Z R D X P L C W
P V J H A V T O T T A L L D A U C S W S S S
N S D L H R M T R P T S N I J I H O U E T J
G C Y I C S U B J U I I S I P Q L P O V A E
Y N P G E P B U E C O L I E N Q M M Q L T L
V O G H N L Q S H P N Y L V S Y R O I O E K
A F B T O Y S I L I P F B O D D J R P X S R
D L E D H P P A W A D Q P D W P C G S I I R
Z W X S P S Y U N B J O C W J S X R F W I B
Q K L W N E F R E Z I T I N A S D N A H A V
H H K J R C S K A R E S T S T O P H D C H N
R M I N I V A N I X D L O Q F R M S H K U U
T B Y Q D L C W X T E L T T O B R E T A W L
B H C S C F I R S T A I D K I T O I B X U T
S G E R R R E C I R O C I L W X I Z G W N O
Z N I O B L A N K E T T T E S J U O Q B D S
X M L O C G J M X T N H W L I X Y X V X E F F
S U I T C A S E A Q Q O H S M O W O K E S U
```

PAGE 77

```
Y T H F A K D P F O B F X B S O R Q H W S X
Y Q W Y U Y A A W U S W K O T K I T S M L D
T O H I Y N I C P L H W N U C Z N Y O J W N
G B X M T Y D H C I R H C Y K O B U A E U L
M Z P I N T E R N E T J W F R J S Q C N B W
G L I M U S E S E N O H P D A E H H Y O Q D
A T U O Y L T R C A J S U V I O T S J H U A
T A X E L A J I Y N M U B I J L D U M P G Z
H I M M G Y T F E I M L A I I O U V P I P F
S K X R I K C I W L S P L N P I R S E M Q V
A K A R O O J H B X B Z F R M K I S E A O S
H M F R H E S E A L Z L I X E R D I W A F C
X M O F G D I W U D U A T D O T L D P E A Z
H T L T K I I D R E V V J S X L H B V I C K
V T L C W V C A N J J C G Y E S C N P D E F
U I O C Q L Y C Z C J E O A P R O M S U B D
G G W L D A E K O O B C A M M E E W Z S O I
V G E L R R Z K L B D L A P T O P T U E O D
X B R F V I X C G T R W E B C A M N N K K A
F X S X F V V Q T I Q L M O O G P D X I S C
V F P Q R N S H O O S M N W D G M L W L P N
Q S M W T B A C K D I O R D N A Y Z C W A L
```

PAGE 78

```
E L G H C M O C H I P Y C Y N R L U W F K V
D A V H H B K Q P E G S X U S I M A R I T G
X W B C O M O J H F K J I C P A G A O V Q P
W M A R C D F S B O E A N R D C K O V X E Y
H C Z W O K A N T C R G C V C O A D R Q I P
U Q Z C L W C E B O V M L E G E Q K Y W K U
E E I E A B N H L E N V Y I S F L I E T O D
I I P E T S A I O D E C F E Y E H P G D O D
P P T S E Z G Q E C O L R V N F E N P X C I
E E I Q C X C C W T O O U E K G X H N A R N
L M U A H B H A S L T L D R A C R C C A E G
P I R T I X A N A Q F D A R B M A M J M T R
P L F T P A M N C K A O Q T E M P A A R T D
A Y W W C O C O A L F B V R E K A I U O U Y
Z E V R O Z Y L O N U O V L Q M C E N S N D
P K S Q O T W I E I A X B A U K O I R N T N
H N T R K E Y B J C Y S U V G X G U N C U J
N G S T I X V R V T J D P A Y M F R S S N D
R E D V E L V E T C A K E L F H P B B S A I
U T W T S C Z F W A B N F K I S B D P Q E T
G L U S U X E D A N I S H A N T I T J L P N
F E W E L D W S M D K K R B E A D N U S I K
```

PAGE 79

```
S T Z Z Q P X I H N E U J J A Q Y W T A
T Q Z E N O I T A N R E B I H G H G Z P
A B J H P J C X G Z I Z I X Y M M I J E
T O D G O H D N U O R G W Q M V U S V N
E N O O P Z X F C G L A O N C V T T G N
N K I C T G I P E L T S I H W A U L Y S
I S S B J A R D E T N I W N T B V E E Y
I E I Z N R O U N V W A N F L J Z I W V
X L S V B D M D U N K I R K D A V E A A
A B E E G V B I V K S Y N Z E Z R G T N
M B L P G R T S N L X Q F T R M N I U I
N O K E J O E X A G G E Z N E B N X S A
L G C U P Z H N E G H Y U S N R A M X C
V G U B T Z D D C M E A E T J Z H I N G
E Y H V F C Z I N D Y A M V N R G K U O
K T C S H A D O W U C P E B L I K X P D
P Z D U N K I R K D O U K D I J R L R A
Z J C H M M K J G N I R P S C L P P V H
E K X M S N P O U U V E G I G I L Y S S
```

ANSWERS

PAGE 80

```
N N F W J C L R N O U R H O R N E T S R Z D
S L H Q D T A E H J L P S S O H H K C M W Z
U A Q D P B H B Q J J A I C M J J N Y T J
T G M P T P E B J H L X Y I K F J H U F J P
K G G O M X T N O M F D G H E V E X G O F M
G Z R B S U O B S K F A B D T Y G K Q J E J
Q S S R U P S R D C M E O Z S U E G P D D S
R Z I Q D P E C R Z Z A J V V I O Q W L L
K S H K X K V K O E E R Q M N G I X P N D R
E T R Z A X L E A X P N E T S Y B G A Y M A
T E V L T Y O Q W M L Z C P L D K O C P M Z
X G H X K D W A A L V S W N T T M E U B I
Y G Y I D E R V U Y S K C U B W C P R A B W
U U X Z R R E K I N G S V X N I A R S V J Y
V N C M I R B W E E E Y R I P I L H P F G R
S P N O I X M G C Y Q R E D N U H T L N H P
S N R C Q Z I X U E C Q V H J G M C F K D S
S S K C E L T I C S G Q M N L K A B N I F N
L S M U K A A N D T U V N V O R K I M V D U
W M Y S V R F X R I F N B A B J C S X Z V S
K H W H U D R N Y Y B H J W Y K D F X Y Q X
A M D A Q G W S T X M B I C S L L U B I T B
```

PAGE 81

```
Z O N I I A G J P Z L H O T E P A Z N W M N
H D P G U M Y F J X T U V I X Q V M U P B P
A G I H W F N Z B D E R R P G I Y F H Z N
S E L H D R H D L I V C H A N Y S Q O R V N
Z X P P E U T D Y X V F M T W X G B S N T H
A A Y K F R W R U O Q H A P A A J G U O Y G
I M I K E T K C L H B G Z Z O L Y O W I L E
K B H N W J A L R N E M A J H Y B K K T A V
L D D U K C N A I M E H O B U V Y G W A N I
N Y P P Q P E V P W I R S T M N N E D C O F
E G N U R G B J F O C I H T O G B W B A I M
B R Y E K V I B R A N T K C D V Y V M V S T
C E P Z W O R S M P D R E D E T L W A N S N
T P A V X P N D N L M W S X S Q T A C P E A
P Y X V R D Z R W T W T P K T R W Y A Q F G
S A F B U W C U E Q R O Y S T R A M S H O E
F L Z H C I O Z O T X F S Y N L W O U C R L
R F O E I Z H C M V S U I Q G S L M A U P E
Q D V F D P V U H L L E X C M V B X L T Z F
Z L F I G I H O Q I L I W S I R O C K E R S
Z F U U Y H F O X F C D A V E M F F W A A W
Q H L A Y T R O P S V L G S M R F S Q L Y Z
```

PAGE 82

```
U E U W C G Z N O L O S N A H S G B F X X J
O C S E H D D W D U Y A A B O G A X I M F G
K O N O E F J G E K E E D T W C B W Y W A E
G H F N W S E Z P E D I O S T G R K U N I T
E R X I B N U U I S B A Y R E V D K X M E V
S V O N A E P P K K J H R N A S W A E T L K
K F M V C X A G S Y O A E T D D V W M Y S B
N K E Q C H D K J W M R B O H W N O S S T
I R O A A P M Y B A A L D B X V R N J Q E N
B B X T I Z E L F L J F U W A F A A U L C Y
R O Z F J V A O G K I O B A U T N D K Q N K
A B A R P U M R T E Y Y D B M G H Q E T I M
J A H B K M I E F R Y U F N O H I E J R L P
R F A H M E D N Y F D Y C F W F T J H L P A
A E J V W B A B R E T E N U U S R J U H S
F T U O P E A D S Z T G T C A S Y T H K D X
R S S N I K R A T F F U H L I W Q J F N W D
O U A R E R R E G W A S O J B D U W B R F Q
M O S U S N A I S S I R L A C O D N A L W T
S I P I V L Z I B O N E K N A W I B O N L G
B L S H E E V P A L P A T I N E R M C R Y U
```

PAGE 83

```
R O F M U G X W Q V R D J N G D Y E Q A
I U O P I C E L A N T D N H T L C E R C
L C L E A R S K I V A J K I E R D C Q L
L Q E D Q P S X X A J L G T W N T E J W
E T F L R U C O V R U P N T R R D U G M
V V D E A F I T L C Q R M H C N A D E R
G P L I G N O N T T Z Y D C H K O L M O
N S D F O R D Y O I A X I R K O D P O T
I O I C K O A K S C C S O L A R W I N S
H L M I S T L S J C U E J O M M B I L L
T A B T I S Q E S I R B V N H X S O Q A
L R L E C L D I S R E B M G O C N T U R
I W U N E A C K E C M R N N F G H J E O
O I E G V R I S N L Q U I I N E D Y R R
V S L A G O O R K E H U X G Z K K I S U
H L A M L R R A R N Q B G H N J M D T A
N A G Y N U U E A E Y H M T A E Z Y X I
F J O G P A Y L D Q T L Y S O I V O D F
T S O L S T I C E S W K I V A J K Y E R
D T N P U E L H R A A K W J V N E F B C
```

ANSWERS

PAGE 84

```
X F J A T V J X Z O W Y M Z V Z T X X K L J
Q B Q I O Q U E Q I M N R V X F C S L J D H
J S Q A N O K P M N M A U T O C O R R E C T
Q V B U Q G U W J S L P M X V O A B M O O R
D S N T Y X H O Q Q X P S F I C D R T H U T
P E D O P R I D E S H A R I N G A P P S G X
H M W P K E S Y X G X F U O R D R S O S G E
I A E I S M O T C W N F I M Q I Q P B O V T
W G L L T B S O N U W T E V G O C A W C L O
A O P O P W U R S A I N Q S F R B M L I W T
Z E A T B J I T E N T D G H T F H E C A Y E
E D J N I X N O X B A S I W W A R G F M M I
D I D P V E N O X B A S I W W A R G F M M I
Q V R R M L C I H L T E P S R W N O U E T O
O X C Y Z E L L E O E W R A S X J O D D U V
V Z A F R F T X B L I B Q O M A N G O I I G
R P Z E T N A T N Z J L H S B F T L J A A T
E K C E T B A R O C U E H N M O I R Y L H U
V A N V B H A C U E Y D C L U C R L A X R N
F J J A C R Q X E I P X M I B X I Z T M S N
S N O I T A D N E M M O C E R H C R A E S Y
T L R X S E L F D R I V I N G C A R S B R H
```

PAGE 85

```
S I K G R E A T S M O K Y K H S D C B B X S
P B D T T S M S E E N E R Y P E G A A J Y R
F T A A O V L W T S G G W Z M T D U P Q T Q
N J O V X D D L P S R P G I L C P S E A
A U K A K N X S A N V Y O X L M G A A P T Y
H K P T C N H R W P C L C T U O C S L L O Y
S W S F A H E S E V M P K Q P L L U A A N X
N Y D Q D D D J S O P J Y W Z O Q S C S R B
A D X J A C Z G T U G B M Z D M N H S A H
I U H C V I M D E F A P O F Y O M R I I N I
T H S K E U A T R V D Y U Q U A X B A W G G
T A U J N H R L N L O S N N L X B D N S E T
C K K J A C O R G Q I B T S E P B A D M N R
Z W U V R U K T H K U A A D C R R M H T J H
U Y D W R D A R A O I S I I O Y U A Z B S M
H J N Y E U R K T N K Z N H P S M V R Q Y Z
C K I F I M A F S A A K S R X Q Q S O N J N
B B H E S F K L R B H G E C A P B B B U X C
H I M A L A Y A S U E B P M L X Q X L L C J
X R N R G N N S E I K C O R N A I D A N A C
M I Y C H G W D D R B V A N D E S S K U Z P
O V Y C E U S E Y C Z E W A T T L Y Y K F Q
```

PAGE 86

```
R K K X T W W P H J H S R E G N A R M X I A
Y A N K E E S E B C C J K B V A K P N U D B
Q U S U P N H M Z W D J E L N J P Y S C G O
F S A Q L I X J L O S W Q G D P G L C L F B
U B N K E S E L O I R O E H K I A W A S U Q
P I Z J A G M T C Z U L X Q X Y X C B B L C
V O T S O B R A V E S A F O O B A L O X R L
P I Y X G X U G Y V X S R R R U M Y B E U
W P R R H B I P I U Q E J A D E P P S G M H
T M G Q V F P S D D T M H I J A G E O I G W
H D S R E G D O D I A F N A T C I Y S H I O
N M I G I E P E H R V A Y T M L I H P F F C
A E B N R R N W I R L S L S L E K F X Z M E
T D P G O L K N J S O S N I W T Y S L H G H
I V F M Q N E R T W I L H Y V C T C I O D S
O I J D P R D T A T R P S T U S S I H T E P
N V P V S X N A D R A U G I T L E N O V N
Z A Q R K U S N A I D R A U G I T L E N O V N
L W M L M Y Q E H C J K L L K A T L W A Z U
S I T A H U L Q Y I K H R S R R P H Z E I X
C Y G M E F P G I M U S A V X I C T C L R G
Q Q P T Q F D M Y W A F M T N P R A D U Z B
```

PAGE 87

```
X C G E Q F F I R S E H G K M W C R I
K E A C T O F C O N G R E S S H T M E N
Y L C A C I V I L W E E N G I P J N V O
R E Y A D I L O H L A R E D E F N L O I
A B R A H A M L I N C O L N K O H G L T
U R A H D A R P W V R Q G C T W T B U A
R A N A N I M K R G Q B R G C S I M T R
B T O N C S L E E E C E N J M R J W I B
E E I I C T S O R A S I S Q T Z E O O E
F J T L I J O Y H I H I H H B E P H N L
I U U T V Z M F K S C C D I K T R O R E
R Q L D I K T D A Q F A S E F Y U L Z C
S R O Q L F Y W T Z Y O N K N C F I N L
I U V P W Z E G Q S G D U H E T A D E F
A R E T A G Q B X I S A L S I X K A D F
U W R S R B P V R H P E F I R S T T I H
E Y W O E A B W C U O M Z J Q S T O S I
D N E K E E W G N O L R B G M C S O E F
C G F A R E W E L L A D D R E S S Z R Y
E X I V K E T A D H T R R I B Y T W S Y
```

ANSWERS

PAGE 88

```
L T K E E X D H D A B L R R F C P X N T I S
D O N W M Q H Z N F P I N E A P P L E E V N
S G T O D G R O B R P S E V I L O N E E R G
S F Y T C G H I Q P G L Z W F O F E H S Q K
B O R O V A P I B F J O I H J Y K P M E W V
P S D C B L B X A M F L I N O R E P P E P Y
H P O D L H I N N N P X T Z O G X Y T H C Q
Y I S W S M Z T A H Q J K P U A Y Z A C X X
C N S U J O Q X N I S N V P G I J G H A I H
H A B A V B B O A U D P L R L S U F C R D U
I C X S B D P D P Q F A E I P Z W V D T N S
C H V V Z F A I E M J E N P I F K U U X X M
K U Y T W R Z C P B N D P A Q X O T S E P O
E P Q E E A S N P P S H E U C V I T I Y O O
N G H K T P Y X E U B V J U I V D O H Q T R
S A U S A G E P R A E U V F O B Z M B U Z H
Y E O F U B P Y S U R V M H E O T A G X J S
S L N T K E W I R Q W A D R U E B T N Q D U
T G I A R S L O X C E I U Z Q V B O D P U M
I R O S U Y R H E T R V H G Q U S E Y K X B
O C N P S E V I L O K C A L B X O S K P R N
D C S E N I D R A S M G M O A K E N C B F B
```

PAGE 89

```
Q L Z U W J D Q M A F P K O L Z O I Z M V K
N F D W F P O V T L O K H F S Y S L P Y X F
Y G F Y T W U N A N N T X T Q V L A A Q N Z
W I M T A R P S M U M I F E P X R R B X K L
N F B U U L H Q P L Q P O N D A P I G O M F
H B K W L L W M W P A B J T I S C A I O K P
W O L L I P A M M M I A C N G C B T U X Y Y
S P O G K L N J M R R P G U F G U O T M X S
W S H I D J E B S K M E B I N O U P X R J U
D T N A F G E G O V A S R I P C O H S A F I
E N E L I L R S O R T B P T U R A D R E O D
V H Z C R V C R C Q R E X J U I S A N M B L
T L E I S M S B O T E S S N K A K H A H U U
E F S V T Y N Z G L S C N G I H U P Z P W R
Z V N B A K U Q S C S D O A A C S D E J U O
B M G J I L S S E U Z S P M K P S H C W W H
Y I B U D C W H U V J J A Y P M H Y H B F U
J Z M Z K R U A A K K X B J T A Y R G X T P
T F I K I O G P L A T E S H Y C S S D N V M
I F 7 G T P S D F M A T C H E S H S K M Z O
E R A W R E V L I S J S C L F X R Z I Y Q F
R B R Q X O K O D O O W E R I F Y O A R V C
```

PAGE 90

```
B J K B E W A I X V M Y X N O A T O C J I F
U I D R P W I G V K R H P I S M X Q R O T V
L U A A E N G C I H C P C C T Y A X A I Y E
C E E A Q P A O L H W I S K G B U L J C K Q
J A L A R Y P D L W A W A E H O O I Z N Z A
H X R N Q Z U O B D J Y N L N C Z R N D I M
M H Q B N O R I C J Q K S E H P T T G O B Z
E R T X O I A O N E G O R T I N W B M V G L
R B A L N N H S V X H K W O I T X M U I E N
C A L E I W P V E H X K F Z T E U M R T B P
U M N E K R G N S K Y H A A U N L Y F G S G
R M U I C L A C F E C D M U I S E N G A M P
Y O L I K M I L I P R Z R M C N V V X B L Y
R H P I D F N T C E D K U O X O K Z E A H T
C J H S V O H H H B N L G Q G H N R T U M W
F Y Z H C P S U J I A O C U U E B I B U X Q
W C N L S N H U U B K V W M W N B I I S D
S I L V E R J V M B J M P D I U F L X B W Z
Z F A U O R H T S B J Z X B M Z E A H H K J
K W E B P L F R P I N M H K U H S W U O F F
M P S U L F U R M I M R Y M U H M R A Y V C
O B C W R W S F G N Y T I Y F C Y N R Z A F
```

PAGE 91

```
B E A X O Z Z U G N I K N O I L E H T K N Z
C O S K C O R F O L O O H C S T A C J C C G
H T H E P H A N T O M O F T H E O P E R A R
K N O T L I M A H P O E T T M R R W M Q D B
O U D V A B V S H F N W I C K E D W K L E S
A R F A Z S P E O A P B D T H N N V J A V C
L E O C X L V O M V H K X T Y T I G U K E C
A P O H Y B N V X V S V A R R C E T W A D Z
D H R O K C Q P T X P F A G G B Y E W M K U
D S E R T S G S U R H H L R Y A S D V O F B
I U H U Q Z S I O T D M E P N M E P C H Z O
N L T S A L Z V I V Y A O D A I L C X A G O
V Z N L X G R W Y Z S A T R T P B N N L X G
G E O I O R E I G E I H Y Y Y N A S R U K A
U I R N J F B S T M E P X C I J R A W O B C
H X E E I G S A A B O F X R B B E V C F F I
S C L L M G N M E P C R Y A R P S R I A H H
D A D Z K N M A P P V Y D A L R I A F Y M C
J B D M I A S I O R V F J N Y N M V D N V D
W Y I E M T N B J V K O V N A L S S B G Z R
A E F J O S W I N D L Z Q Q G F E O C A Z S
U J Y L L O D O L L E H F N H T L V D I C T
```

ANSWERS

PAGE 92

```
B W T I S A W S C F L A E R T N O M F C B U
S V A N C O U V E R W H I T E C A P S E T S
L A G A L A X Y A P V E G Y I Q M B X S D H
V X Z S D I P A R O D A R O L O C J H L W O
M O P H I L A D E L P H I A U N I O N L U U
I L K C M W Z B Y T J T Z M T B K A Q U E S
N C C S E L L I V H S A N O U M X T Q B O T
N H W B M Y K O P B X K X Z C L T K Y D N O
E I Z S W D D E K A L T L A S L A E R E P N
S P X F C F S E L E G N A S O L Z E U R X D
O U U K B D E T I N U A T N A L T A M K V Y
T K A S R E D N U O S E L T T A E S F R Z N
A J F C C I N C I N N A T I S V D Z S O F A
U G T L Z U W E R C S U B M U L O C Q Y Q M
N K N I N T E R M I A M I A M O C O C W Z O
I M S N O C V F V W A M U A I L O E H E W S
T Y A C L E K A U Q H T R A E E S O J N A S
E Q J F C O R L A N D O C I T Y S C I U M A
D F J H N O O G N C N G C J V E M S R S M F
O S S P O R T I N G K A N S A S C I T Y L I
K G E R I F O G A C I H C F C A Y S U Q N I
P O R T L A N D T I M B E R S R E G D A W V
```

PAGE 93

```
E E N F W G F T A M B O U R I N E Q O H Q T
K H K F A C I N O M R A H Q A D G A L O I V
A W X L S F L S T Y B Z N G Z T K A K U K I
U T A U E T A U O U I T T X T O I B B W Z V
M R Z C G D L U T B U R A A C D I U D G V J
R U A L V C O L L A O M U G L R N G G W P I
V M E X H E X U S M A E T C A A R D O W S X
M P I N F T J B B B A A R B R O O A S N R F
B E J W O W J O B L A T S V I B H L P C Q M
A T Z P U H N S W J E K H U N Y H G I A I A
S W D U I E P K W Y O B C F E E C P A Z R N
S T Y P P E N O H P O X A S T K N H N T Z D
O G F O Z T G Y L C O U J S G C E B O N J O
O A W E U U M C R Y P N O H S I R N X H T L
N P E Y A L P X X N X Y O W K R F K D T E I
B K T L U F R N H T J A L X L T G D X V D N
N F W Q E V J G A D Z O C R T C P V X C I F
C Y L Q B L B N R J W J G D N E V F F L V V
D N N N L U U K P H D N F R G L F S O S T X
A U M Q D T X K V A L A Z U E E K I B Y K I
D P E S T U Z R U Q V B R S G K V V D P K W
R Z G T F J C N N G J F N T Q Y Q M K Y C C
```

116

...t can be obtained
...ng.com
...SA
010422
J0002B/2

9 781638 074052